Rudolf Wolff

Untersuchungen der Laute in den kentischen Urkunden

Rudolf Wolff

Untersuchungen der Laute in den kentischen Urkunden

ISBN/EAN: 9783744624244

Hergestellt in Europa, USA, Kanada, Australien, Japan

Cover: Foto ©ninafisch / pixelio.de

Weitere Bücher finden Sie auf **www.hansebooks.com**

UNTERSUCHUNG DER LAUTE
IN DEN
KENTISCHEN URKUNDEN.

INAUGURAL-DISSERTATION

zur Erlangung

der philosophischen Doktorwürde

eingereicht bei der hohen philosophischen Fakultät

der

UNIVERSITÄT HEIDELBERG

von

RUDOLF WOLFF
AUS HEIDELBERG.

HEIDELBERG.
1893.
Druck von JULIUS GROOS.

MEINEN LIEBEN ELTERN.

EINLEITUNG.

Der kentische Dialekt ist bis jetzt noch nicht in erschöpfender Weise untersucht worden; wenn in der vorliegenden Arbeit die lautlichen Verhältnisse der kentischen Urkunden einer eingehenden Untersuchung unterzogen wurden, so geschah es in der Hoffnung, die Eigentümlichkeiten des Kentischen dadurch genauer feststellen zu können, als das bisher geschehen ist. Zugleich wollte ich prüfen, ob und in wie weit darin der altkentische Dialekt durch andere Dialekte beeinflusst worden ist und welcher Art diese Einflüsse waren. Zu diesem Zwecke untersuchte ich nicht nur rein kentische Urkunden, sondern auch solche, wo man von vornherein fremde Einmischungen vermuten musste. Aus den Urkunden, die nur lateinischen Text hatten, wurden die Namen zur Vergleichung herbeigezogen. Das Material entnahm ich dem „Cartularium Saxonicum, a collection of charters relating to Anglo-Saxon history by Walter de Gray-Birch. London 1885—87." 2 Bde. Ich zitiere aus diesem Text nach Seitenzahl. Die Belege sind derart geordnet, dass unter A. die Urkunden behandelt sind, welche von kentischen Königen, Bischöfen etc. an Kenter gerichtet sind, und Schenkungen von Land etc. in Kent betreffen; ferner Urkunden über Schenkungen, Testamente etc. von Privatpersonen in Kent. Dies sind die Nummern:

No.	Jahr.	Seite.	No.	Jahr.	Seite.
3.	604.	7—8.	310.	803.	431—33.
4.	605.	8—9.	311.	—.	433—34.
5.	605.	9—10.	312.	803.	434—37.
6.	605.	10—12.	319.	805.	447—48.
8.	—.	14—15.	320.	—.	448.
12.	616.	19.	322.	805.	450—51.
13.	618.	19—20.	323.	—.	452.
35.	675.	59—60.	330.	810.	459—60.
36.	676.	60—61.	332.	811.	461—64.
40.	—.	65—66.	342.	813.	478—79.
41.	—.	66—67.	372.	822.	510.
42.	676.	67—68.	379.	824.	519—22.
44.	678.	70.	380.	824.	522—24.
45.	679.	70—71.	381.	824.	524—26.
67.	686.	102.	382.	—.	526—27.
73.	689.	107—108.	402.	832.	558—59.
86.	694.	121—22.	403.	—.	560.
88.	696.	124—25.	404.	—.	560—62.
90.	696.	127—28.	405.	833.	562—63.
91.	696.	128—33.	406.	833.	563—65.
92.	697.	133—35.	407.	833.	565—66.
96.	697.	140—41.	408.	833.	566.
97.	697.	141—42.	411.	833.	573—75.
98.	697.	142—43.	412.	833.	575—77.
99.	699.	143—45.	413.	835.	577—79.
141.	724.	206—207.	414.	835.	579.
148.	732.	215—16.	417.	837.	583—84.
156.	736.	225—26.	419.	838.	585—87.
159.	738.	229—30.	420.	—.	587.
160.	741.	231—32.	421.	838.	587—92.
161.	741.	232.	422.	—.	592.
173.	747.	249.	427.	839.	600.
174.	747.	249—51.	Bd. II. 445.	844.	22.—25.
175.	747.	251—52.	446.	844.	26.
176.	747.	252.	497.	859.	102—103.
189.	761.	268—69.	501.	—.	106—107.
190.	761.	270—71.	519.	868.	133—34.
191.	762.	271—72.	536.	873.	153—55.
193.	763.	273—74.	539.	875.	158—59.
194.	765.	274—76.	562.	889.	201—203.
196.	765.	278—79.	572.	895.	214.
199.	765.	281—83.	637.	923.	313—14.
227.	778.	317—18.	638.	914.?	314—15.
228.	779.	318—19.	733.	839.	446—47.
243.	784.	337—38.	747.	940.	467.
260.	791.	363—64.			Appendix
290.	803.	402—403.	837.	618.	I.—II.
290. A.	—.	404—405.	846.	724.	VIII.
291.	798.	405—407.	851.	824.	XIV.—XV.
309.	803.	429—31.			

VII

Unter **B. 1.** fallen gemischt mercisch-kentische Urkunden: solche, die von einem mercischen und kentischen König gemeinsam oder einem mercischen Könige, der zugleich König in Kent war, ausgestellt sind und kentische Verhältnisse berühren. Dies sind die Nummern:

No.	Jahr.	Seite.	No.	Jahr.	Seite.
162.	742.	233—35.	328.	809.	457—58.
162. A.	—.	235—37.	329.	—.	458.
177.	748.	253—54.	335.	811.	466—68.
181.	755.	258—59.	336.	—.	469.
188.	759.	267—68.	339.	811.	474—75.
195.	764.	277—78.	340.	812.	475.
207.	772.	293—94.	341.	812.	476—78.
213	774.	300—301.	343.	814.	480—81.
214.	774.	301—302.	344.	814.	481—82.
247.	785.	342—43.	345.	—.	482.
248.	786.	344—45.	346.	814.	483—84.
253.	788.	352—53.	347.	—.	484.
254.	788.	353—54.	348.	814.	485—87.
255.	789.	354—56.	353.	815.	491—92.
257.	789.	358—59.	367.	821.	507.
263.	791.	366—67.	370.	822.	508—10.
289.	798.	400—402.	371.	—.	510.
293.	799.	409—10.	373.	823.	511—12.
294.	799.	411.	374.	—.	512—13.
296.	799.	413—14.	378.	824.	516—19.
301.	801.	419.	384.	825.	528—33.
303.	801.	420—21.	385.	—.	533—35.
316.	804.	443—44.	400.	831.	556—57.
317.	804.	444.	401.	—.	557—58.
321.	805.	449.	848.	792.	Bd. II. Appendix IX.—X.
326.	808.	454—55.			

Unter B. 2. kommen alsdann die gemischt sächsisch-kentischen Urkunden; damit wird nicht gesagt, dass sie einen Mischdialekt haben, sondern nur, dass man von vornherein zweifeln kann, ob kentischer oder sächsischer Dialekt vorliegt. Dies sind die Nummern:

No.	Jahr.	Bd. I. Seite.	No.	Jahr.	Seite.
69.	687.	104.	576.	898.	219—20.
89.	—.	125.	641.	925.	317.
242.	781.	336—37.	660.	927.	336—37.
395.	828.	550—51.	702.	934.	402—405.
396.	830.	552—53.	711.	936.	417—18.
418.	838.	584—85.	741.	939.	457—59.
426.	839.	597—600.	753.	940.	476—78.
437.	841.	Bd. II. 12—13.	755.	—.	479—80.
442.	843.	17—19.	766.	941.	496—97.
449.	845.	30 - 31.	779.	942.	516—18.
459.	850.	46—48.	780.	943.	518—20.
460.	850.	49—50.	784.	943.	525—26.
467.	855.	61—62.	791.	944.	537—39.
486.	855.	86—87.	797.	944.	550—51.
496.	858.	100—101.	811.	946.	569—70.
502.	860.	107—109.	813.	946.	572—73.
506.	862.	113—15.			Appendix
507.	863.	115—18.	852.	836.	XV.—XVI.
518.	868.	131—33.	853.	845.	XVI.—XVII.
538.	874.	156—57.	854.	850.	XVII.
548.	880.	168—69.	855.	861.	XVIII.—XIX.

Unter C. 1. folgen die Belege aus den Urkunden der benachbarten Landschaft Surrey:

No.	Jahr.	Seite.	No.	Jahr.	Seite.
34.	675.	Bd. I. 55—59.	618.	908.	Bd. II. 281.
39.	675.	64—65.	619.	909.	282.
72.	688.	106—107.	627.	909.	300—302.
82.	693.	116—18.	820.	947.	584—86.
563.	—. Bd. II. 203—204. (ca. 890.).				

Unter C. 2. endlich stelle ich folgende 4 Urkunden, die mir zusammen zu gehören scheinen: N⁰· 558 (v. Jahre 871.) Bd. II. p. 195—197. bei Sweet O. E. T. p. 451. abgedruckt als Urkunde aus „Surrey". Da es sich darin um Orte in Surrey und Kent handelt, könnte sie auch in Kent abgefasst sein. Damit zusammen stelle ich

N⁰· 634 (v. J. 870.) II. p. 309., weil der Duke Ælfred dieser Urkunde derselbe ist wie in N⁰· 558. (vgl. dazu de Gray-Birch II. p. 195. Anm. 2. und p. 309. Anm. 1.). Sweet druckt N⁰· 634 in seinen O. E. T. p. 174. als Codex aureus inscription ab und bezeichnet sie als kentisch. Am Ende seiner Vorrede p. VII. sagt er allerdings: „I now see that Corpus Gloss, Lorica Gloss, Lorica Prayer, Psalter and several of the shorter texts are Mercian".

Brown (Sprache der Rushworth-Glossen) bemerkt dazu in seiner Vorrede, dass diese > shorter texts < wahrscheinlich Cod. Aur. Inscr., Durham Admonition v. Martyrology Fragment seien. Die genaue Untersuchung im folgenden wird vielleicht das richtige ergeben. Ferner stelle ich hierzu noch die N⁰· 529. (v. J. 871.) und 530. Bd. II. p. 146. und 147., da der Duke Ælfred dieser beiden Urkunden offenbar mit dem obengenannten identisch ist, die Namen der Zeugen hier stimmen mit denen von N⁰· 558 überein. N⁰· 530 ist eine andere Form v. 529. „a translation from the Saxon original made towards the end of the twelfth century". (Gray-Birch II. 147. Anm. bei K.).

Die Ergebnisse aus den Urkunden vergleiche ich jeweils mit den Denkmälern, die sonst noch für das Kentische angenommen werden. 1) Die Epinaler, Corpus und Erfurter Glossen (aus dem 7. Jhdt.?) 2) Der 50. Psalm, der Hymnus und eine Glossensammlung, alle drei im Codex Cott. Vespas. D. VI., als deren Entstehungszeit Zupitza das Ende des X. Jhdts. annimmt. (Z. f. d. A. XXII. 223.) Es wird ferner versucht werden festzustellen, ob diese Denkmäler mit Recht dem Kentischen zugeteilt werden dürfen. 3) Mittelkentisches nach den Arbeiten von Reimann, Danker und Konrath.

Zur Erleichterung der Vergleichung mit dem Mercischen habe ich die Nummern der §§ bei Brown, nach dem ich mich deshalb auch in der äusseren Einteilung richtete, den meinigen in Klammer beigesetzt, wo sie nicht übereinstimmten.

Für das Verständnis der geschichtlichen Entwicklung der Dialekte wird es zweckmässig sein, hier die politische Stellung Kents kurz zu betrachten in seinem Verhältnis zu den andern angelsächsischen Reichen.

Das kleine kentische Reich im Südosten war lange Zeit eine selbständige Macht geblieben trotz steter Kämpfe mit den westlichen und nördlichen Nachbarn, und hatte durch sein Erzbistum Canterbury ein gewisses Ansehen vor den andern. Um die Mitte des 8. Jahrhunderts aber unterlag es Offa von Mercien, der allmählich die Hegemonie unter den Inselreichen gewann. Auch nach Offas Tode musste Kent sich der Gewalt Merciens beugen und seine Könige von jenen annehmen. Im Anfange des zweiten Viertels des 9. Jahrhunderts aber war es Wessex, das die Machtstellung Merciens übernahm und sämtliche Reiche unter seiner Herrschaft vereinigte.

NACHWEIS DER BENÜTZTEN WERKE.

W. DE GRAY-BIRCH. Cartularium Saxonicum. London. 1885—1887. 2 Bde.
J. KEMBLE. Codex diplomaticus aevi Saxonici. London. 1839—48. 6 Bde.
H. SWEET. Oldest English Texts. bd. 83 der Early English Text Society. London. 1885.
ED. SIEVERS. Angelsächsische Grammatik. 2. Auflage. Halle. 1886.
P. J. COSIJN. Altwestsächsische Grammatik. Haag. 1886.
R. ZEUNER. Die Sprache des kentischen Psalters (Vespas. A. I.) Halle. 1882.
E. M. BROWN. Die Sprache der Rushworth-Glossen zum Evangelium Matthäus und der mercische Dialekt. Dissertat. Göttingen. 1891.
A. L. MAYHEW. Synopsis of old English Phonology. Oxford. 1891.
F. DIETER. Über Sprache und Mundart der ältesten englischen Denkmäler der Epinaler und Cambridger Glossen. Dissertat. Göttingen. 1885.
O. DANKER. Laut- und Flexionslehre der mittelkentischen Denkmäler. Dissertat. Strassburg. 1879.
M. REIMANN. Die Sprache der mittelkentischen Evangelien. (Codd. Royal I. A. 14 und Hatton 38.) Berlin. 1883.
J. ZUPITZA. Kentische Glossen des IX. Jahrhunderts. (Zeitschr. f. d. Alt. XXI. 1. ff.).
A. NAPIER. Ein altenglisches Leben des heiligen Chad. Anglia. X. 131. ff.

A. POGATSCHER. Zur Lautlehre der griechischen, lateinischen und romanischen Lehnworte im Altenglischen. Strassburg. 1888.

H. HILMER. Zur altnordhumbrischen Laut- und Flexionslehre. Goslarer Programm. 1880.

H. HELLWIG. Untersuchungen über die Namen des nordhumbr. Liber Vitae I. Berliner Dissertation. 1888.

U. LINDELÖF. Über die Verbreitung des sogenannten u-(o-)Umlauts in der starken Verbalflexion des altenglischen. Herrigs Archiv bd. 89. p. 192 ff.

M. KONRATH. Zur Laut- und Flexionslehre des Mittelkentischen. Herrigs Archiv. bd. 88. p. 47. ff., 157. ff., bd. 89. p. 153. ff.

L. ETTMÜLLER. Lexicon anglosaxonicum. Quedlinburg 1851.

H. LEO. Angelsächsisches Glossar. Halle. 1872.

C. W. M. GREIN. Sprachschatz der angelsächsischen Dichter. Kassel. 1861—64.

VOCALISMUS.

DIE VOCALE DER STAMMSILBEN.
I. Kurze Vokale.
Westgermanisches a.

§ 1. Westgermanisches kurzes *a* in ursprünglich geschlossener Silbe zeigt im Kentischen, falls nicht durch Nachbarlaute besondere Aenderungen veranlasst werden, folgende Entsprechungen:

In den **Urkunden**: *æ*.

A. hæbben 459/35. hæbbe (ind.) 575/11. II. 107/3. (conj.). 446/8. (*Kemble*: hebbe) 575/16. næbbe 446/10. begæt 575/11. 583/15. fuguldæg 459/24. dæg 459/25. ðæs 142/15. 459/9. þæs II. 107/19. II. 154/18. ðaet (pron.) 459/20. 26. 33. 35. (conj.) 459/35. 460/2. 7. ðaette 460/5. ðæt (pron.) 446/9. 11. 20. 459/7. 461/32. 462/4. etc., 23 mal. þæt 575/18. 32. 576/14. ðæt (conj.) 459/11. 17. 583/26. 28. 31. etc. 16 mal. þæt 575/9. 16. 576/14. ðættæ 459/13. æfter 575/10. 12. 576/11. 583/17. 584/4. II. 107/4. 8. æfterfylgendum 459/34. aet 459/7. 29. 30. etc. 12 mal. æt 142/15. 445/10. 19. II. 106/29. etc. 32 mal. ðeræt 576/8. ælleshpæt 576/11. elleshpæt 576/12.

Æbbæ 59/17. 66/30. 67/19. 30. 122/7. Æt Hoe 130/8. Ætte 131/6. Æscpaldi 131/21. Æhcha 142/10. 143/20. Æssica 142/11. Æslingaham 274/28. Huuætred 276/3. Hædde 403/8. Dæghelm 435/29. 436/4. Dægmund 524/13. 532/29. mit Auflösung des *g* in *i*: Dæiheah 405/31. Dæiheh 406/10.

B. 1. aet 421/7. 7. 7. 8. æt 477/10. 530/3. 4. 4. 21. 21. 531/3. þæt 482/22. pæðfeld 483/25. þæs 483/32. æsce 518/37. 519/3. æsc 518/42. Æslingaham 276/27. Dæghelm 421/22. 24. Ælfðryða 480/22. æscburnan 483/25.

B. 2. hæbbe 599/36. II. 87/20. æt 599/9. 33. 33. 34. dæg II. 87/21. ðæt II. 87/20. 109/1. 132/18. þæt II. 132/12. 18. ðaet II. 337/2. ðæs II. 517/19. æt II. 573/18. þæs II. 573/18. 19. æschurud II. XV/22. Ælfred II. 87/5. Ælfstan II. 133/1. 3. Æscpoldes II. 403/18. Ælfheah II. 497/14. 519/25. 35. Ælfric II. 519/28. 42.

C. 1. æt 58/33. aet II. 204/6.

C. 2. ðæs II. 146/20. 25. 29. þæs II. 146/29. 30. 309/6. hæbbe (ind.) II. 196/1. 309/14. (conj.) 196/12. hæfð II. 146/19. 28. næbbe (ind.) II. 196/2. dæg II. 196/6. 19. 34. dæghpæmlice II. 309/12. soðfæstlice II. 196/30. þæt (pron.) II. 196/19. 32. (conj.) II. 195/26. 196/6. 309/17. æfter II. 196/1. 21. 25. 27. Ælfred II. 146/16. 18. 147/3. 195/14. 21. 196/30. 197/9. 309/4. 13. 15. Ælfredes II. 146/21. 196/8. 23. 28. 197/19. Ælfrede II. 146/24. 25. 195/15.

e findet sich in:

A. pes 560/30. 562/10. hebfað 561/2. hebbe (ind.) 563/6. (conj.) 560/14. 561/8. 562/18. 563/4. 576/2. deg 576/37. 577/3. dei 560/13. 583/21. 23. 25. 584/1. 3. efter 577/4. 2 mal yfter 576/1. 8. hpet 560/7. ðet (pron.) 560/29. 561/5. 8. etc. (conj.) 459/37. 560/12. 561/5. 8. etc. zusammen 24 mal. ðette 460/1. ðes 560/21. 31. 561/7. 584/2. II. 202/6. et 560/6. 7. 18. 29. 561/4. etc. 13 mal.

Elfstan 561/23. Deimund 562/26. Deiferthesea 566/24. Degmund II. 25/21. Elfred II. 153/26.

B. 1. Elfpald 512/11. Huetlac 234/16. ðet 480/12.

B. 2. efter II. 87/21. (*Thorpe*: æfter). Elfred II. 62/4. ðes II. 62/14. 101/22. 29. 114/23. 23. 24. ðet II. 101/22. 26. gers (Metathesis des *r*) II. 100/16. hefdan II. 101/27. et II. 101/22. 23. 24. 25. 26. 27. 30.

C. 1. þes 57/19. 31. herefterward 57/40.

C. 2. ðet II. 146/18. 18. 19. 20. efter II. 146/18. 147/8. 195/27. Elfred II. 146/18. 147/6. 8. 18. 24.

a treffen wir ausnahmsweise in:
A. Baccancelde 91/4. 92/4. 128/25. 402/12. etc. abbud 435/37. abbod 435/31. 436/31. etc. zusammen 8 mal. Babbinglond 462/4. Abba 464/7. 524/4. nas 560/21. habbanne 575/19. habben 584/1.
B. 1. at 235/5. abbudes 294/1. 1.
C. 1. þat 57/14. 38. 40. 58/2. 28. II. 203/34. abbude 57/12. was 57/40. (*Kemble*: wæs).
C. 2. habbað II. 146/17. habbez II. 147/7. habbe II. 196/32.

Alte Glossen: Die Epinaler Glossen haben nach Dieter (p. 11. § 2.) 24 *ae*, 8 *e*; in den Corpus Glossen 28 *ae* („und öfter" Dieter p. 12) 13 *e*. Die Erfurter Glossen haben kein *ae*, nur 8 mal *e*.

Der **Codex Cotton Vespas. D. VI.** giebt folgendes Verhältniss: Im 50. Psalm: wæs 1. 4. 6. 9. 62. 120. hæbben 5. hæbbe 144. hæfde 154. soðfæstest 6. æt. 9 44. 59. creaftig (!) 11. þætte 14. ðætte 133. þæt 16. 20. 52. 123. 149. 156. ðæt 55. 57. 65. 104. 107. 138. 142. gebæd 27. spæc 30. gebær 63. ðæs 150. wynfæste 134.

geðrec 45. feste 94. triowfest 115. soðfestnesse 116. sigefest 133. efter 35. 36.

Im Hymnus: gehwæs 20. ðæt 22. 27. þæt 29. æt 20. sigefæst 4. arfæstnesse 24. — sigefest 16.

In den Glossen des 10. Jhdts. (Zupitza, Z. f. d. A. IX. 4 u. 6) steht „*æ* für *ä* in sæc, æppel, sonst gilt überall *e*; *a* in sacful und zweimal at."

Im **Mittelkent.** finden wir fast überall *e* (Danker. p. 6).

Wir kommen also zu folgendem Resultat: die kentischen Urkunden haben in der älteren Zeit nur *æ*. Das erste *e* erscheint 810. (ðet 459/37) B. 1. hat vorwiegend *æ*; daneben nur 3 *e*, aber der erste Beleg schon

742. (Merc. Psalter, Zup. Merc., Chad zeigen stets e? B. 1. stimmt somit eher zu A.) B. 2. (IX. und erste Hälfte des X. Jhdts.) hat æ und daneben häufig e. Das erste e erscheint 855. C. 1. hat e schon 675. C. 2 (870) zeigt fast ausschliesslich æ, selten e.

Von den alten Glossen haben *Cp.* und *Ep.* vorwiegend æ, und stimmen somit zu A., B. 1. C. 2. *Erf.* dagegen hat nur e.

Vom *Cod. Vesp.* zeigen *Ps.* und *Hymn.* meistens æ. *Zp. Gl.* aber fast nur e.

Im *Mittelkent.* fast stets e.

§ 2. wgm. a in ursprünglich offener Silbe.

Urkunden:

A. faranne 575/25. hafað 446/14. 576/37. hafæð II. 106/27. geðafie 562/22. 23. cæstruuara 282/17. aceras II. 314/7. Cantpara 533/2. burgpara II. 102/9. 10. Burhuuare II. 314/7. Burhparamers II. 606/2. Aðugilsi 132/28. Hagana 142/5. Athelardus 402/16. 16. 403/6. 405/8. 406/17. 407/6. Athelbaldus 405/26.

B. 1. gegaderod 235/6. merscuuare 302/5. haganan 342/24. haga 469/16. burpare 519/5. 9.

B. 2. hagan 337/3. 483/23. 23. 24. 24. 25. 26. denepara 467/38. aker II. 48/12. haga II. 86/23. 114/15. hafað II. 87/19. gafole II. 87/24. magan II. 87/25. briogoningpara II. 168/11. Adalstan II. 317/16. Adalstanus II. 317/20.

C. 1. hagan 58/34. 35. 36. hagen 58/38. 38.

C. 2. geðafigan II. 146/29. dagas II. 146/24. efsacie II. 146/27. dage II. 147/8. hauet 147/8. hpader 147/13. mage 146/13. 16. dages 147/14. haueþ 147/18. (Die letzten 6 Formen aus einer Urkunde des 12. Jhdts.) gehagige II. 196/4. hpaðer 196/13.

Die Beispiele für æ sind:

A. maege 459/26. 28. mæge II. 107/18. 20. 21. 143/23. 26. huaeder 459/38. hpæder 575/31. daeges 459/18. daege 575/10. Æthelberhtus 7/17. 206/29. Æthilberhtus 8/11. 9/13. 10/8. 25. u. s. w. Æðelberto 133/19. Æðelhuni 232/1. Æthelnothes 283/2. Æþelheardo 430/2. Æþelheah 435/3. Ædilburgæ 142/2.

Æðelpeald 564/29. Ætheluulf 585/2. 6. 586/30. etc., etwa 120 Formen.

B. 1. wæter lea 300/28. æcra 512/27. Æðelbald 235/26. Æðered 345/11. Haeseldenne 421/8. Æðelnodi 475/26. etc.

B. 2. dæge (*Thorpe* dæg) II. 87/21. Æðeluulf 55/21. 32. II. 17/29. 18/38. 41. Æðelstan II. 31/6. Æthelstanus II. 336/24. 31. 337/7. einmal Eathelstanus II. 496/33.

C. 1. paetere II. 204/16.

C. 2. dæge II. 146/18. 195/27. 196/25. færeld 195/27. fæderen 196/2. fædren 196/3. mæge 196/4. 24.

Die Beispiele für e:

A. mege 575/16. megen 583/24. dege 560/15. 561/1. 576/11. 583/17. hueðer 446/7. gehueder 460/9. Ethelburgæ 128/18. Eðelbald 560/15. Eðelmund 561/19. Ethelpulf II. 102/20 etc., etwa 40 Formen. Vereinzelt begegnen Eathilbertus 206/10. Eathelhun 269/26. Eathelberti 269/30.

B. 1. Eðelbald 234/7. Eðelfrid 234/13. Ethilmod 345/6. u. ö.

B. 2. Eðelstan II. 12/26. Eðelred 31/14. Ethelwolfus 48/25. etc.

C. 1. weteres I. 57/32.

C. 2. dege II. 195/22. 196/28.

Von den älteren Glossen haben:

Ep. 14 *a* vor dunkelm Vokal, 6 *a* vor hellem Vokal; mit Tonerhöhung, aber nur vor hellem Vokal, 7 *æ* und 3 *e*.

Cp. 21 mal *a* vor dunkelm Vokal, 3 *a* vor hellem Vokal, 25 *ae* und 5 *e*.

Erf. 7 *a* vor dunkelm Vokal, 3 *a* vor hellem Vokal, kein *æ*, sondern 3 *e* (u. ö.) vor hellem Vokal (vgl. Dieter p. 10. 11. 12.

Im **Cod. Cotton Vesp. D. VI.** zeigen

Psalm: gewinndagum 12. balaniða 152. — æðelæ 2. fæder 111. — hweðere 13.

Hymnus: hafest 13. — fæder 8. 14. 21. 43. godfæder 31. seðelan 19. mægena 11. — heleðe 34. fegere 43.

Zup. Gloss. (Z. f. d. A. XXI. 4. 6.): æ„ (für ä) in fædera. gegederad neben gegaderade; siðfatu, siðfate. Sonst gilt überall e."

„Im Mittelkent. fast überall e, zuweilen ist es zu a zurükgekehrt." (Danker p. 6.)

In den Urkunden A. haben wir meist æ; e begegnet vereinzelt 696. 761. häufiger im IX. Jhdt. B. 1. æ ist häufiger als e; e ist 724 zum ersten Mal belegt. (Merc. schwankt zwischen e und æ.) B. 2. hat auch überwiegend æ. e von 841 an belegt. C. 1. 1 æ (ca. 890), 1 e (675). C. 2. zeigt mehr æ als e. In den alten Glossen erscheint in Cp. und Ep. wieder öfter æ als e in Uebereinstimmung mit den gleichzeitigen Urkunden. Erf. haben dagegen auch hier wieder nur e. Im Cod. Vesp. hat Psalm nur æ. Hymn. zuweilen e neben æ. Die Zup. Gloss. haben fast stets e. Desgleichen das Mittelkent.

§ 3. (4.) Wgm. a vor Nasalen.

Urkunden:

A. namon 460/10. naman 560/12. 563/4. II. 107/8. ambra 560/9. 562/13. 576/33. ambras 558/33. ambura II. 106/29. (Mayhew § 406 und Pogatscher § 345 gehen von vulg.-lat. ambra, ampora aus. Leo p. 485/55. setzt âmber an — ahd. einbar —; dann ist für Formen mit o wohl Kürzung anzunehmen). fram 7/11. II. 107/6. 6. 6. 158/18. 202/10.

gesomnuncgae 459/9. noman 577/5. 583/26. ombra 459/26. 576/39.

man 459/34. 560/7. 19. 20. 563/5. 575/48. II. 106/28. 107/2. 15. 18. mann 577/8. manna II. 107/8. mannum 563/9. 577/4. ganganne 575/24. innganges 575/30. mancus 576/6. ann 576/10. 11. 12. meihanda 560/31. handa II. 202/29. land 446/20. 563/4. 575/14. u. s. w. 25 mal. landes 142/15. 560/19. II. 202/6. lande 586/16. II. 158/14. 202/11 etc. standaþ II. 202/30. andlanges 7/11. II. 202/9. ansundran 575/29. 34. an 560/12. 12. 20. 20. 563/3. 6. 575/19. 24. II. 102/9. 10. 202/13. 13. ðanne 561/7. ðane 586/17. ðannen 565/19. ðane II. 158/15. 202/15. 6. 9. 10. þane II. 107/4.

Angemundus 10/16. Tangisilus 10/18. Thanet 67/13. 70/11. Andscohesham 229/29. Andoredo 271/31. Sandtun 574/7. Langandun 565/3. Langeburnan 566/24. Cantuarabyrg 459/7. etc.

B. 1. fram 518/37. 38. lang 467/35. 483/22. 23. 2 t. 25. 26. 27. 28. 29. andlang 293/30. 518/42. langanhrycg 353/2. Taneti 253/17. landes 293/29. þane 293/30. sandhyrst 342/22. Duningland 353/30. Andred 366/26. biringland 410/26. þanon 467/36. 483/23. 25. 26. 27. 28. 29. ðanon 518/40. 43. 519/1. 2. 5. 6. 6. 7. 7. landboc 535/10.

B. 2. nama II. 114/23. 23. 24. naman II. 87/22. fram 337/1. II. 109/5. 114/9. 10. 11. etc. 18 mal. stande II. 87/26. handa II. 87/27. land I. 552/34. 35. 553/1. 584/28. II. 87/20. etc. 17 mal. landes I. 552/35. II. 62/14. 15. etc. lande II. 101/23. etc. landum II. 101/26. hand II. 573/18. man II. 109/1. befangen II. 132/20. ðannæ II. 109/1. 4. ðanne II. 109/5. 114/10. 10. etc. ðanan 517/21. langen II. 114/9. 10. langandune II. XIX/2. andlangnes II. 168/12. andlang II. 458/15. 517/21. 23. 519/11. 15. etc.

C. 1. fram 58/3. 5. 7. 9. 11. 12. 14. 15. II. 204/5. and 57/11. 11. 14. 31. 34. 37. etc. II. 204/2. 2. 3. 4. u. s. w. andlang 57/17. 117/32. 33. 34. andlange 57/17. 21. 27. 30. 33. 34. 58/30. 32. 36. 59/2. II. 204/14. endlange 57/33. II. 204/12. 17. 18. endelange 58/18. eandlonge (!) 57/21. landimere 58/1. 2. þane 57/18. 18. 19. 20. 58/37. 117/30.

C. 2. naman II. 197/5. — ann II. 196/34. man 196/23. manna 197/5. æniman II. 146/27. enyman II. 147/17. and II. 147/6. 7. 13. 14. 15. 16. 17. 19. ðanne II. 196/33. þanne II. 147/8. 14. 15. 16. 18. 196/7. an 195/18. 196/2. 10. 13. 19. land 147/7. 9. 13. 16. 17.

Die Beispiele mit **o** sind:

A. mon 446/12. 459/13. 14. 15. 17. 560/14. 577/9 etc. 30 mal. monn 576/1. 4. 17. aldormon 459/6. 560/29. monna 459/13. Monn 435/10. 436/10. erfehonda 577/8. meghond 561/6. lond 562/18. 575/10. 13. 459/7. 13. 21. 35. etc. londes 446/19. 575/14. etc. ærðelondes 584/2. londe 446/8. 9. 11. 12. 561/4. etc. zusammen 76 Formen mit *o*. ond 459/6. 10. 13. 29. 31.

460/4. etc. 19 mal. on 461/30. 32. 462/1. 3. 5. 7. 8.
56 mal belegt. ðonne 446/8. 9. 21. 459/16. 20. 25.
28. etc. þonne 446/10. 575/16. 33. etc. ðone 586/16.
17. donne 583/31. zusammen 35 Formen. hponne 459/39.
Longanduun 525/25. 564/1.

B. 1. lond 409/8. 11. 421/4. 453/3. 476/19. 477/3.
15. 485/20. 24. 509/19. 530/4. 599/9. long (verschrieben für lond) 488/4. londboc 512/26. londe 530/21.
þon (þonne) 293/27. 29. 294/1. 30. ðone 518/42. on
294/27. 28. 30. etc. 518/38. 39. 40. 40. etc. 21 mal.
ðanon 518/37. 38. 40. 40. 43. 519/1. 2. 5. 6. 6. 7. 7.
Contuariorum 508/30. ondred 509/20. ondrede 509/20.

B. 2. lond II. XV./22. londes II. 30/12. 109/4.
londe II. 109/6. 114/22. longan II. 30/14. ðonne II.
18/10. 15. 403/18. 18. 19. 19. 19. 20. 20. 220/14. þonne
II. 18/15. 458/14. 16. 519/11. 12. 477/10. 10. 11.
ðonon II. 403/21. 22. ðonan II. 403/20. þonan II. 458/14.
15. 16. 16. 19. 477/10. 10. 11. 12. 519/11. 11. 12.
13. 14. etc. þone II. 458/18. 19.

C. 1. londimere 58/28. 29. londgimere 57/13. lond
58/1. londe II. 204/2. 2. endlonge 57/15. 18. 58/14.
20. II. 203/34. 204/6. 17. eandlonge 57/21. enlonge
58/19. II. 204/16. on 57/13. 15. 16. 17. etc. II. 204/7.
10. 13. etc.

C. 2. hond II. 196/2. ondpardum II. 197/1. stondan II. 309/19. stondaþ II. 196/30. onn II. 195/17.
ponie, geponie II. 197/2. ðoncunga II. 309/11. mon II.
309/14. lond II. 195/4. 5. 13. 19. 24. 27. londes II.
147/10. 15. II. 195/17. 196/6. 9. 11. 15. londe 196/3.
11. 20. 21. 23. 26. 29. ond 195/27. 28. 196/5. 8. 18.
20. 24. 27. 32. 197/2. 309/18. þonne 195/17. 18.
196/5. 12. 12. 22. þone 196/17. ðonne 196/2. 31. 309/6.
ðon 309/17. mon 196/6. 17. 35. 309/6. 12. 17. aldormon 309/4. noman 309/16. from 309/18. Sondenstede
195/18. on 195/19. 19. 20. 20. 18. 27. 27. 27. 196/6.
15. 23. 24. 29. 309/16. 17.

Unter den **alten Glossen** haben:

Ep. nur 1 mal *o* in onettae, sonst stets *a*: 54 mal.
Cp. dagegen haben 33 *a* neben 87 *o*; auch in den *Erf.*
werden *a* und *o* promiscue gebraucht (Dieter p. 8. 9. 10).

Cod. Cotton Vesp. D. VI.

Psalm hat vor *m* nie *o*, im ganzen 63 *a* gegen 13 *o*.
Hymnus: 23 *a* gegen 8 *o*. Zu p. Glossen (Z. f. d. A.
XXI. 7 f.) nur einmal *o* vor *m*; vor *n* nur *a* in: manega,
forspanen, wana, ðane, geðancum, and etc., sonst *a* und *o*
wechselnd; das adv. und präp. nur on, ebenso nur hwo-
non, mon.

Die Urkunden A., B. 1., C. 2. bevorzugen *o*. Der
erste Beleg von *o* vor Nasal erscheint in A. 803. in B. 1.
772. In B. 2. C. 1. ist *a* häufiger (doch findet sich *o*
in C. 1. schon 675). Dadurch wird auch die bekannte
zeitliche Grenze zwischen *a* und *o* bestätigt; denn A. B 1.
C. 2. gehören fast ganz dem IX. Jhdt. an; B. 2. und C. 1.
dem IX.—X. bezw. VIII. Jhdt. Die *Cp.* und *Erf.* Glos-
sen haben *a* und *o* nebeneinander; *Ep.* dagegen mit nur
einer Ausnahme *a*.

Psalm und *Hymn.* gehen mit B. 2. C. 1. *Zp. Gl.*
wechseln zwischen *a* und *o*.

Mc. Psalt. und *Zp. Mc.* haben fast nur *o*.

In dem *mkt. Evang.* ist *a* die Regel. (Reimann p. 12.)

Konrath (Archiv 89. p. 153 ff.) giebt *a* als Regel an
vor einfachem oder doppeltem Nasal; vor Nasal + andrer
Konsonanz *a*, wenn die Konsonantengruppe die Silbe
schliesst, *o* dagegen, wenn noch vokalische Endung antritt.
K. nimmt infolgedessen eine quantitative Verschiedenheit
an, wonach *a* die Kürze bedeute, *o* aus ursprüngl. *ā* den
gedehnten Laut.

§ 4. (5.) *a* vor *r* + Konsonant.

Urkunden:

A. ðearf 583/22. ðearfe 562/11. ðearfa 575/20.
bearn 446/8. 10. 575/15. 583/20. einmal Wechsel mit
eo: beorn 561/8. bearnes 575/12. bearna 459/10. 583/18.
gehpearf 526/19. earfoþnesse II. 107/18. mearc II. 202/5.
mearce II. 202/6. 7. 7. 8. mearcfleot I. 318/17. Geard-
cylle 462/2. Auch im zweiten Gliede von Zusammen-
setzungen vielfach *ea*: ærfepeard 576/9. ærfepearda 583/18.
ærfepeardas 584/1. erfepearda 576/18. norðepeardum II.
102/10. suðepeardum II. 102/9. middepearde II. 202/6.

Ausnahmen: topardon 459/9. reogolparde 459/32. reogolpeord 459/58. *o* und einmal *a* erscheinen in: hlaford 575/32. 576/15. 17. hlaforde 583/20. hlafordas 459/12. hlaforda 459/30. hlafordum 575/11. hlaforddome 576/19. 583/22. hlabard 560/30. (Vgl. hierzu § 56.)

In Eigennamen erscheint in dem ersten Gliede von Kompositis nur *ea*:

Heardberht 451/24. Earduulfus 251/28. 252/11. Heardrid 403/16. Hearberht 457/34. etc.

Im zweiten Gliede von Kompositis in den älteren Urkunden *ea* und *a* gleichmässig nebeneinander, vom IX. Jahrh. an fast ausschliesslich *ea*.

Suebhardus 20/30. Guthardus 20/31. Bernhardi 68/22. 71/26. 122/33. Alhunardi 122/34. Beornheardi 145/7. Æthiliæardi 215/36. Badohardi 275/30. Sigehard 448/3. Ealheard 435/37. Æðilheard 447/25. Þisheard 457/38. Ealhheard 524/9. Frioðogeard 524/11. Osbearte 560/30. Cenheard II. 107/14.

Ausnahmen: Hærdred 132/15. Bernhærdi 142/7. 143/17.

B. 1. stæninegmearce 467/35. mearce 293/32. 483/27. plumpearding 483/33. suðeuueardan 518/38. fearn 519/2. Heardberht 234/30. 401/29. Cyneheardi 259/2. Ceardici 259/16. Ealghearhd (sic!) 358/13. beardingaleag 480/11. hearcincg mere 515/2. — Badohardi 301/20. 302/35.

B. 2. mearc II. 47/17. 18. 18. 109/5. 114/9. 16. 17. 18. 19. 168/11. 11. 403/22. 477/9. 573/19. mearce II. 114/11. 12. 16. 17. 18. 19. 20. 458/16. 18. etc. gᵉearnian II. 87/26. earnes II. 114/12. 13. topeard II. 114/17. 458/20. peardre II. 219/22. peard II. 114/18. 220/12. pestepeard II. 458/13. fearn II. 458/15. fearnbiorgincga II. 114/16. 16. Fearnleag II. 219/21. fearnleage II. 220/12. Farnlege (XI. Jhdt.) 220/17. Fernleah (XII. Jhdt.) II. 220/18. Suebeardus I. 125/35. 41.

C. 1. herefterward 57/40. suþuuard II. 203/35.

C. 2. bearn II. 146/25. 195/18. 196/1. 1. 2. ðearf II. 309/7. bearnes II. 147/15. bearne II. 146/21. 195/22. geearnian II. 195/25. ærfepeard II. 196/33. ærfepeardum II. 196/31. forðpeard II. 196/31. Fearnlege 196/25.

Ausnahmen: ondpardum II. 197/1. topardan II. 197/2. hlafarde II. 146/26. louerde (XII. Jhdt.) II. 147/16.

Earduulf II. 147/1. 197/10. 12. Eardpolf II. 147/22.

Alte Glossen:

Ep. haben stets Brechung, 1 Ausnahme sparuua, auch *ea* vor *c, g*; vor *rh*: *œ* 2 mal belegt.

Cp. haben neoþouard, þuarm, tharme, sarwo; sonst Brechung: 46 mal belegt.

Ep. haben stets *ea*, „andere Schreibungen sind als Irrtümer des Schreibers anzusehen." (Dieter p. 11. 33 ff.).

Cod. Cotton Vesp. D. VI.

Psalm: 5 mal *ea*; 1 *a* in arna 99.

Hymnus: hat stets *ea*.

Zu p. Gloss.: „*a* nur in arn (Metathesis des *r*) und dem Fremdwort targa, sonst Brechung" (Z. f. d. A. XXI. 7.)

In den Urkunden A. ist *ea* Regel, ausser im 2. Gliede von Kompositis. Das erste *ea* begegnet 696. Dass sich das *ae.* kurze *ea* im *Kt.* ebenso wie in den übrigen Dialekten in einen einfachen Laut entwickelt hat, ergiebt sich deutlich aus der Schreibung. (Konrath. Herrigs Archiv 88. p. 52). Die Monophthongierung > *œ* (später > *a*) ist schon früh festzustellen; schon 696 begegnet *œ* in Hærdred 132/15. — Auch für B. 1., B. 2., C. 2. ist *ea* Regel. Ausnahmen sind ganz vereinzelt. C. 1. aber hat nur *a*. — Die *Glossen* und ebenso *Vesp.* stimmen mit A. etc. ganz überein in überwiegendem *ea*. — *Merc. Psalter* hat fast immer *ea, Zp. Mc.* und Chad ausnahmslos. — „Wir haben keinen Beweis dafür, dass das *ae.* kurze *ea* im *mkt.* in irgend einer Form als Diphthong bewahrt worden wäre." (Konrath. H. A. 88. p. 52.)

§ 5. (6.) *a* vor *l* + Konsonant.

Urkunden:

A. ealra 560/12. 20. ealles 586/15. eallum II. 107/6. eald 560/10. ealdan II. 202/7. 11. healdan 563/6. healdenne 560/13. healde 560/12. gehealden 563/7. 8. seald 563/7. 8. sealde II. 202/30. mealtes 560/9. II. 106/29. sealta 586/18. sealm II. 107/4. healf II. 102/5. 6. healfne II. 102/6. healfmed II. 102/10. tpeofealdum II. 107/19. ðryfealdum II. 107/20. wealde I. 207/10.

aldormon 459/6. 560/29. all 459/21. alre 446/8.
allmehtgum 459/8. 583/19. half 575/18. halfne II. 102/9.
saltes 577/4. maltes 562/13. 576/3. ald 577/1. gehalden 575/15. 17. 22. salde 560/30. saldon 459/13.
walde 207/9.
Eadbaldo 7/17. Aldhuno 12/25. Berhtuualdo 128/28.
Suitbaldi 145/2. Incguuald 226/22. Ealdulfo 229/28.
Uuealdseuuestra 275/17. Uualhard 318/6. Aldulfus 430/30.
Þealh 445/30. Ealhburg 561/11. Eðelpald 561/15. Tirpald 561/28. Þerbald 562/28. Deorpeald 564/31. Baldredo 588/9. u. s. w., einmal Aeðelpold 595/26. æa 1 mal
in Æalhstan 564/34. In wenigen Fällen tritt æ ein:
Ældredi 71/23. Ælrico 135/8. Ældred 458/19.

B. 1. pealdo 344/10. sealterna steallas 344/16.
healfe 467/35. 483/22. Daneben hialf 469/16. ealde
467/37. suuealuue 477/2. ealhfleot 477/3. healh 483/23.
ealdan 518/40. cealfa 519/4. Ealhmundi 254/27. 259/8.
Ealdbeorhto 342/18. Uuealdbaera 353/1. Bealðheth 421/30.
hunbealdinghola 483/31. Scealdefordan 507/6.

uualdo 344/11. palda 421/6. half 467/8. borhstealles 474/38. paldbera 480/10. calepan 483/29. (MS.
Lambeth: calpan). sualuæ 491/33. Aldpulf 234/22. 28.
Aluuig 234/19. Hunpald 234/20. Æthilbaldu 254/15.
Berhtuualdi 294/12. Ælhheard 345/13. Algheard 355/27.
Alhmund 401/23. 410/13. 421/28. Aldberhting 511/17.
2 mal Æðelpold 404/36. 405/5.

B. 2. pealle 337/2. II. 132/13. 15. peall II. 132/11.
12. healfe 552/36. 37. 37. 553/1. II. 109/2. 4. (XI.
Jahrh.) 517/20. 573/19. 19. healve II. 48/12. healf II.
169/9. ealr I. 599/9. ealles 599/34. ealle II. 87/23.
sealde I. 599/35. II. 101/23. 24. sealtern II. 101/27.
28. sealternsteall II. 116/3. ealdæ II. 109/2. healling
II. 168/10. scealces II. 403/26. pealda II. 458/21. ealde
II. 220/12. ealdincg II. 526/7. ealdingtune II. 538/10.
31. 539/24. 570/8. bealdessole II. 551/23. ealdanpeg II.
551/25. fealcnes II. 220/14. fealcing II. 573/17. Ealuuardi I. 127/4. 14. Ealhstan 551/24. Cealfhammas
552/36. Æalhfreðingden 553/2. ealdheres II. 62/15.
Dryhtpeald II. 116/30. ecgpealdes II. 403/24. Meallingas II. 517/3.

Uualhard 337/15. Aldred 551/30. salde 552/34.
Alher II. 47/4. gesald II. 87/19. (*Thorpe*: geseald). hal-

dan II. 109/1. half II. 109/3. halfe II. 109/3. 5. 5.
halfæ II. 109/2. easthalfe II. 114/13. aldan II. 109/6.
168/13. 14. palda II. 114/22. Eadpald II. 117/40. halles
II. 168/1. calepan (zu cealu) II. 458/18. kalepan II.
551/24. kalepanstoce II. 551/24.

C. 1. haelne (*Kemble*: healue) II. 204/20. aþerehalve 57/30. haelven (für healven) 57/35. ealde 57/10. ealle 57/39. alle 57/12. oþerehalue II. 204/15. Fritheuualdus 55/21. 25. 56/27. Fritheuuoldi 56/39. Eguualdi 56/32. Baduualdi 56/33. Ætheluuoldi 57/2. þanewald 64/27. Erkenuualdo 64/12. 65/24. 31.

C. 2. eall' II. 147/4. yhialde II. 147/18.
aldormon II. 309/4. alles II. 196/34. allra II. 309/17.
allum II. 195/15. 23. almahtig II. 197/3. almaehtiges
II. 309/16. halfe II. 196/5. gehaldene II. 146/28. gehalde II. 196/36. haldan II. 196/36. halle (für alle) II.
147/24.

Die alten Glossen:

Ep. a bleibt erhalten mit einer Ausnahme: fealga.
Cp. und *Erf.* bewahren ausnahmslos reines *a*. (Dieter p. 7. 8. 34. 35.)

Cod. Cotton Vesp. D. VI.

Psalm: eal 43. 99. ealra 60. 96. ealne 73. eall 88.
healdenne 92. bealaniðum 112. (aus der Genetivform *bealwes*.) wealles 134. cealf 138.
waldend 31. 81. 93. 117. waldendes 19. waldende 151. aldre 21. 41. aldor 26. 70. 140. 147. aldorlice 104. alwihtra 101.

Hymnus: gewealdum 13. ealle 17. 24. eallra 38. ealles 41. — walden 9. waldend 41.

Zup. Gloss.: *a* kommt 4 mal vor: sald, onwaldum, all, halsungum, sonst aber *ea*." (Z. f. d. A. XXI. 7.)

Die Urkunden A. zeigen das erste *ea* 724. (wealde 207/10), doch tritt *ea* im VIII. Jhdt. nicht oft auf; häufiger im IX. Jhdt. In den zusammengesetzten Eigennamen wird *ea* vom IX. Jhdt. an auch häufiger als vorher; doch überwiegt *a* bei weitem. In B. 1. ist *ea* und *a* gleich häufig, erstes *ea* begegnet 748. *Merc. Psalter* und *Zp. Mc.* haben nur *a*. Dazu würden C. 1. und C. 2. stimmen. B. 2. (9. und 10. Jahrh.) zeigt erstes *ea* 781 und hat vorwiegend *ea*. C. 1. hat häufiger *a* als *ea*; das erste *ea* zeigt sich aber schon 675. C. 2. hat mit nur 2 Ausnahmen *a*; ist also sicher nicht rein kentisch.

Die alten Glossen haben mit 1 Ausnahme in *Ep. a*, stimmen also mit den ältesten Urkunden überein. In der *hds. Vesp.* ist das Verhältniss: *Ps.* 14 *a*, 9 *ea*, *H.* 2 *a*, 5 *ea*. *Zp. Gl.* 4 *a*, sonst *ea*. *Mkt. Ev.* „Vor gedecktem *l* sind die Fälle von *ea* einerseits, *a*, *æ* (e) andrerseits ziemlich gleich, *a* namentlich vor *ll*." (Reimann p. 25.) Konrath nimmt fürs *mkt.* den Uebergang von *ae. ěa* durch *æ* hindurch zu *a* oder einem nahe verwandten Laut an.

§ 6. (7.) *a* vor *h* + Konsonant.

Urkunden:

peax 459/33. geðeahte 562/11. meahselog II. 102/10. peahtunga II. 106/28. mit Palatalumlaut: allmehtgum 459/8. 483/19. Suthsexan 592/13. *a* ist unverändert in: suþsaxa II. 606/3.

B. 2. Seaxana 552/37.
B. 1. Sexsonum 558/1.
C. 1. —
C. 2. ællmæhtig II. 196/32. almaehtiges II. 309/16. — aht II. 146/27. almahtig II. 197/3.

Alte Glossen:

Ep. haben zumeist Palatalumlaut und zwar 6 mal *e*, 4 mal *ae*, daneben ausnahmsweise 2 *ea*. *Cp.* haben auch Palatalumlaut mit einer Ausnahme 18 *æ*; 1 mal *e*. *Erf.* nur Palatalumlaut: 3 mal *æ* und 3 *e*. (Dieter p. 35 f.).

Cod. Cotton Vesp. D. VI.

Psalm: meahtig 73. 136. ælmeahtig 86. 98. meahta 87. leahtra 145. mæahtig 155. — mæhtig 63. 141. 149. ælmæhtig 130. mæhte 118. mehtig 90. 126. ælmehtig 34. elmehtig 78.

Hymnus: meahtig 32. leahtrum 34. heahcyninc hæahsetle 29. — mæhtum 12. ælmehtig 14.

Zup. Gloss. „Vor x und ht steht nur ea (oder in ungenauer Schreibung e mehr, awehte)". (Z. f. d. A. XXI. p. 4. 7.).

Fürs Kent. ist wohl ea als Regel anzunehmen; die 3 e in A. sind vielleicht merc. C. 2. mit 2 æ und 2 a ist sicher nicht rein kent. Merc. hat fast ausnahmslos æ — bez. ae, œ, e — und einzelne a.) Die andern Urkunden haben nicht genügend beweisende Beispiele. — Die älteren Glossen haben Palatalumlaut und können folglich nicht rein kent. sein. — Ps. und H. zeigen ea, œa und ebenso oft æ, resp. œ, e. Die Schreibung deutet also auf einen æ-Laut und einen vielleicht merc. Schreiber. Die kt. Gl. haben ea und 2 Ausnahmen e. Die Evangelien zeigen nach Reimann ein grosses Schwanken zwischen ea, æ, e, a. Konrath: e ist konstant im mkt. vor altem h, ht, hs: eine Folge des Palataleinflusses. (H. A. pag. 52.)

§ 7 (8.) Einfluss eines vorausgehenden Palatals auf a.

Urkunden:

A. ea begegnet in: suðgeate 7/26. ongean 7/28. bradgeate 7/28. rytherceap II. 314/5.

æ: Riðerescæpe 10/4. Cæstruuarouualth 251/27. cæstruuara 282/18. begæt 575/11. 583/15. Gænbald 132/38. Jænberhtus 276/1. 318/1. Jæmberhti 402/37.

e: scel 560/8. gefe 562/10. 20. 576/22. cestre II. 201/31. Hrofiscestri 278/1. Hrofescestre II. 201/30. Cent 576/5. etc. Sceldes Forde 522/27. Sceldesford 523/3. Sceldesfordæs 524/4. in derselben Urkunde in einem Zusatz des XII. Jhdts.: Scealdeford 524/16. Scealdeuorde 524/18. — 2 mal ie: Rouesciestre 88/7. 124/28.

a ist unverändert geblieben in: Burhgate 8/27. Quenegatum 272/20. 273/9. 317/17. caping II. 314/17. Scaga 317/17. Jambertus 338/4. 406/3.

B. 1. Sceaga 258/26. Hrofecæster 358/23. Cæstersæta 421/6. Jaegnlaad 358/29. Hrofescester 352/21. 474/8. Scaga 358/28.

B. 2. Geanberht 337/13. geat 337/2. geate II. 458/16. 17. 17. 19. scæl II. 109/1. (XI. Jhdt.). Raculfcestre 337/26. gatan 337/2. II. 132/13. 14.

C. 1. shal 57/40. parkesgate 58/11. gate 58/12.
C. 2. Hrofescæstre II. 196/27. Cænt 196/18.

Alte Glossen:

In *Ep.*, *Cp.* und *Erf.* keine Einwirkung des Palatals vorhanden; einige vorkommende Fälle von *ea* erklärt Dieter durch *u*-(*o*-)Umlaut (p. 43. 44.)

Cod. Cott. Vesp. D. VI.

Psalm: forðgesceaft 53. scame 64. Hymn.: gescæft 17. 33. ceastre 19. Zup. Gloss.: „es zeigt sich nie *ea* durch Einfluss eines vorhergehenden *g* oder *sc.*" (pag. 7.)

Im Mittelkent. *Danker* giebt die Formen: yaf. yeaf. gaf. gef. sal. ssel. ssell. schel. schal. schelt. schalt (p. 45 und 48.) *Reimann* giebt nur *a* an (p. 11. § 3. 3.)

A. hat in der ältesten Urkunde (604) *ea*; sonst nur 1 mal *ea*: 923.: häufiger finden sich *æ*, *e*, *a*. B. 1. hat neben häufigem *æ* auch *ea*, *e*, *a*. B. 2. hat oft *ea*, daneben *æ*, *e*, *a*. C. 1. zeigt nur *a*, C. 2. nur *æ*. — Die *alten Glossen* weisen nie Palataleinfluss auf, übereinstimmend mit C. 1. In der *Vesp.* hds. haben *Ps.* 1 *ea*, 1 *a*. *H.* 2 *æ*, 1 *ea*. *Zp. Gl.* haben nie *ea*, wie C. 1. und alte Glossen. (*Merc. Psalt.* hat ausser 7 *ea* stets *e*.).

§ 8 (10.) Wgm. $a + o, u > e\hat{a}$.

Urkunden:

A. Liminea 142/32. 232/15. Limenea 232/6. 8. 15. Oxnaiea 207/9. Gravenea 558/25. 559/13. Ebbanea 566/24. Deifertheseä 566/24. Rumenesea II. 314/14. 18. Ferner: Liminaea 142/31. 231/9. Liminaee 215/6. 26. 574/11. Liminææ 231/16. Limenæ 206/11. und Limene 232/7. 20.

B. 1. ea 518/37. 519/1. eé 353/1. Grafonaea 467/6. Ibentea 475/10. Grafoneah 477/1. 485/22. Grafonæa 477/10. Binnanea 482/2. 22. Gravenea 492/22.

B. 2. ee II. 116/1. ea II. 458/22. 22. 519/12. 13. 538/32. 34. Grafenea 570/9.

C. 2. ealonde II. 196/29.

Alte Glossen:

Cp. „*eá* auf Kontraktion beruhend flean, mean." (Dieter p. 37.)

Cod. Cott. Vesp. D. VI.

Hymnus: aðweah 36. Zup. Glossen: „sleân, sleânde, ofsleâð, aber ofslânne." (p. 8. 9.)

Im Mittelkent. þah. ofslanne. ofslað. (Reimann p. 13.)

Der nach Ausfall von *h* und durch dann eintretende Kontraktion entstandene Diphthong *ea* nimmt bald monophthongische Geltung an; schon 724 begegnet vereinzelt *æ*, das *mkt.* > *a* wird. Im *Mc. Psalter* erscheint nur *ea*.

§ 9. (11.) Wgm. *a* wird, wenn unmittelbar folgender Nasal vor stimmloser Spirans ausfiel, zu *o*.

Urkunden:

A. gosfuglas 577/2. oðer 575/23. 33. 584/1. 1. oðre 446/13. oðrum 446/20. oðare 565/18. Ferner die mit Os— gebildeten Eigennamen (Hellwig p. 28). Osuuinus 59/8. u. ö. Osfridi 60/3. 61/9. etc. Oshere 225/24. Osuulf 319/20. 445/28. etc. Osmundus 403/20. Oseberht 458/22. Osmod 584/20. u. a. m.

B. 1. oðre 235/6. Osberhto 353/27. Ospulfo 401/1.

B. 2. oðrum II. 101/28. oðres II. 114/23.

C. 1. oþerehalue II. 204/15. aber aþerehalve I. 57/30.

C. 2. oðer II. 147/11. oðore II. 196/4. soðfæstlice II. 196/30.

Alte Glossen. (Dieter p. 27. f.)

Ep. goos. oslae. *Cp.* goos. oslae. toðum. sooth. oððæt. softe. *Erf.* goos. oslæ.

Cod. Cott. Vesp.

Psalm: soð 10. 68. 120. soðfæstest 6. soðfestnesse 116. Hymn.: soð 16. soðlice 36.

Zup. Gloss.: toð (p. 57.)

Im **Mittelkent.** bleibt dies *o* auch erhalten: soð (Danker p. 14.)

Die Entwicklung ist in diesem Falle in ganz England die gleiche gewesen.

§ 10. (3.) *a* im Auslaut wird gedehnt.

Urkunden:

A. ða 446/13. 459/12. 12. etc. þa II. 107/3. 4. zusammen 18 mal. spa ist 19 mal zu belegen; dagegen finden wir 27 mal spæ, resp. suæ, spae und suae. 12 mal spe resp. sue.

B. 1. ða 518/40. spa 518/39. 42. þa 293/29.

C. 1. swa 58/3. 6. sua 57/34. 35. 36. 58/11. 16. 18. 34. 38.

C. 2. ða II. 146/17. 22. þa 196/4. 5. 18. 22. 23. 28. spa II. 146/22. 196/3. 3. 6. 13. 13. 34. 35. 35. 197/1. 2. 2. 309/14. spæ II. 146/23. 26. spe 196/5. 13. þo II. 147/7. 12. (XII. Jhdt.). suo II. 147/11. 12. 12. 16. (XII. Jhdt.).

Alte Glossen:
Ep. 2 mal suae, ebenso *Cp.*

Cod. Cott. Vesp. D. VI.

Psalm: swa 13. 118. 122. 136. swæ 147. ða 26. 123. 130. 142. þaðe 41. 142. ðaðe 154.

Hymn.: swa 20. ða 27. 30. Zup. Gloss. 14 mal swâ, gegen 1 swê. (p. 56.)

Bei Danker kein Beispiel.

Für swæ verweist Zupitza auf Sweet, Ausgabe des Gregor p. XXVII. f.; bei þo, suo wird man Verdumpfung des $a > o$ anzunehmen haben.

§ 11. (12.) Der *i*-Umlaut von *a*.

Urkunden:
A. selle 576/17. 584/2. (sbj.) 459/20. 25. 575/20.

27. gesellan 562/12. geselle (sbj.) 459/29. 561/4. sellað 459/7. onstellan 583/31. gemecca 459/7. gemeccan 575/13. sette 460/9. gesette 563/2. gesettnesse 460/9. gesetnes 460/12. gesetednesse II. 107/8. handseten II. 134/21. helle 563/8. fere (subj.) 586/16. tpelf 563/7. geset II. 106/27. befestan 583/21. festnie 561/11. 562/21. 576/20. festniæ 576/23. 584/5. gefestnie 563/2. festendæg 459/25. togeddere 565/24. stede 459/8. 22. Hpætonstede 585/5. Perhamstede 252/32. 282/10. Medyshamstede 279/20. huiæinhamstedi 364/21. Berkamystede 124/35. etc. Bromgeheg 317/16. Uuelesces 459/26. Velhisci 71/27.

men 563/4. menn 459/12. end 562/18. ende 563/5. pending 575/29. 33. 576/1. 6. 9. pendinga 577/9. II. 606/1. pen' I. 560/18. binemned 576/37. 577/6. hennfuglas 459/24. 577/2. henfuglas 562/19. henfugla II. 107/2. leng 561/3. suæleng 561/3. Meosden 275/17. Crogedena 457/29. Ciollandene 575/19.

Deneheah 249/8. Deneberhtum 430/5. 7. 19. 431/1. 457/33. Denebyrht 435/30; mit æ: Dæneberht 444/32. Hruschka (Zur angelsächs. Namenforschung. Programmschrift. Prag. 1884 und 85.) I. 33. und Hellwig p. 43. leiten dies Dene- vom Völkernamen Dene, die Dänen ab; diese Erklärung erscheint auch mir zutreffender, als die von Stark, Sitz.-Ber. der Wien. Akad. 52/298., welcher Kontraktion aus ðegn annehmen will. Ich folge Hellwig auch in seiner Auffassung der mit uueren- uern- zusammengesetzten Eigennamen, die er p. 27 an den Namen der Völkerschaft Warini anlehnt. Beispiele: Wernbrihtus 403/23. Uuerenberhti 449/31. Perenberht 451/11. Perenbearht II. 102/31. und mit æ: Pærenbyrht 435/25. Ferner gehören hierher die Zusammensetzungen mit here- (got. harjis. ahd. hari.) Herespyðe 131/19. Herepald 234/24. Hereberhti 275/23. Heremod 447/29. Hereferðes 525/25. Herepinne II. 146/28. Kynheri 131/25.

æ treffen wir in:

tuælfmonað 459/14. 17. 20. sælle 575/18. dænberis 275/16. Bromgehæges 318/21. hpælc 561/5. spælc 576/1. 4. spælcum 576/13. Daneben aber: eihpelc 562/18. suelc 560/14. 19. Ferner: æghpilc 460/2. 3. 4. hpylc II. 107/5. 17. hpylce II. 107/18. eghpylce 560/14. suilc 560/20. suilce 460/8. 8. spylc II. 107/2.

B. 1. heges 293/30. hegepai 294/1. menn 235/7. pere 344/16. Bromgeheg 358/24. elmanstede 467/34. 35. elmesstedes 467/38. stede 483/28. eft 483/30. — denberis 421/6. 424/16. denberende 443/11. denepara 467/38. deneparafeld 467/37. Dinualingden 366/27. Suithelmingden 366/28. Friðõingden 443/13. Snattingden 443/14. denbærum 344/10. — gehæge 421/3. fæstendic 432/22. 483/22. fæstingmen 509/7. fæstincmenn II. X./16. Dæneberht 444/32. Dæneberhtus 499/15. dæne 519/1. dunualingdaenn 342/22. suiðhelmingdaenn 342/23. daening, daennæ 342/25. haeseldaen 474/17.

B. 2. hege II. 30/15. geselle II. 87/21. tpelf II. 87/26. 538/8. 539/24. sello II. 117/40. genemde II. 132/17. eft I. 337/2. II. 294/2. den 553/1. 2. 2. 2. II. 403/21. 22. denberis 585/5. denn II. 114/22. 24. denbera II. 18/20. denbæra II. 403/20. ætingden, lidingden, mereden II. 18/21.

C. 1. ende 58/4. overende 58/6. nuþerende 58/7. endlonge 57/15. 18. 58/14. II. 203/34. 204/6. 17. endlange 57/33. II. 204/12. 17. 18. 19. 20. endelange 58/18. enlonge 58/19. II. 204/16. eft 57/36. II. 204/20.

C. 2. gesellan II. 309/9. sellen II. 146/21. 147/11. geselle II. 196/7. 15. 20. 25. sello II. 196/9. 10. 14. 18. 24. selle II. 196/12. aselle II. 309/18. selð II. 146/24. selht für selth) II. 147/13. men 147/10. 195/16. acenned 196/33. lencg 309/8. — mit æ: mænn II. 146/20. pæninga 196/20. hpælcre 146/28. æghpelcre 196/26. eghpelce 309/13. spelce 309/15. spelcum 146/22. 26. hpylce 196/3. 6. 35. 197/2. eghpylce 196/21. æghpylce 196/7. spylce 195/15.

Alte Glossen. (Dieter p. 13 ff.)

Ep. hat 36 mal *e*, 35 mal *ae*, letzteres besonders gern vor Nasal. *Cp.* hat auch vor Nasal meist *e*. im Ganzen 39 mal *e* gegen 20 mal *ae*. *Erf.* hat 6 mal *e*, 5 mal *æ*.

Cod. Cott. Vesp. D. VI.

Psalm: sceppend 8. 40. 64. sceppen 46. sigecempa 10. neriend 16. 60. 84. neriende 150. secgan 18. gefremede 41. menio 35. eft 107. liofwende 137. asettað 139. — mit *œ*: gefræmmað 14. gefræmede 49. gefræmed 144. 154. Hymn.: stefnum 7. nergend 35. 39. liofwendum 3. generedes 25. sceppend 34.

Zup. Glossen: keine Bemerkung.

Mittelkentisch stets *e* (Danker p. 9).
In den *mittelkent.* Evang. *œ* u. *e*. (Reimann p. 14. 15.)

e ist in den Urkunden durchaus die Regel; *œ* erscheint daneben zuweilen in A., C. 2. etwas öfter in B. 1. *œ* fehlt ganz in B. 2., C. 1. Häufiger findet man *œ* in den alten Glossen. In der *Vesp. hds.* erscheinen nur im *Ps.* 4 *œ* neben 15 *e*.

§ 12. (13.) Der *i*-Umlaut von *ea* (= der Brechung des *a* vor *r*, *l* + Konsonant).

Urkunden:

A. erfe 446/6. 576/18. 577/8. II. 154/18. erfelande 563/2. erbe 563/4. erbum 560/13. mersc II. 158/13. 16. 314/13. Burparamers II. 606/2. ferperne I. 563/7. Daneben ærfe 575/10. 576/5. 9. 583/16. 17. 27. 584/1. 3. 562/12. ærbenumena 562/18. mærsc 525/22. Zu ercebiscop sagt Pogatscher § 232, dass archi- vermutlich in earci- und mit regelmässigem *kent. i*-Umlaut in erce- übergegangen sei; diese Form habe sich dann als erce-, ærce- und (wieder latinisiert) arce- über andere Dialekte verbreitet. Beispiele: ercebiscop 561/10. 562/20. ærcebiscop 576/22. ærcebiscopes 562/11. arcebiscope 446/6. archibiscop 446/10. archiepiscop 584/5. — *ie* in Scirierdi 145/3.

ælleshpæt 576/11. elleshpæt 576/12. einmal *y*: sylle II. 107/20.

B. 1. girda 293/30. æuulma 419/14. (*Kemble*: æuuilma.) telgan 483/29. Boteuuelle 558/2. Botepælle 556/14. Botepællan 557/27. pælle 556/22.

B. 2. mersaham II. 101/24. 25. 26. merscum II. 101/27. merce II. 538/34. 551/21 (hier kann allerdings auch Einfluss des folgenden Palatals zu Grunde liegen). eldran II. 87/23. helfesdene II. 551/22. 22. yrfe II. 459/13. 520/2. 539/25. ufepyrde II. 551/19.

C. 1. —
C. 2. ærfe II. 195/22. 196/3. 21. 32. 197/19.
ærfes II. 197/34. — arcepiscop II. 146/24. archebiscop
II. 147/6. 13. — beðirfe II. 146/26.

Alte Glossen. (Dieter p. 14 f. 35 f.).
Ep. Vor r + Konsonant wird *ea* zu *e* umgelautet.
einmal *ae*: segilgaerd. Vor l + Kons. je 5 mal *ae* und
e. *Cp.* Vor r + Kons. steht meist *e*; 5 mal *æ*; 1 mal
ie. Vor l + Kons. fast durchgängig *æ*, 6 mal *e*. *Erf.*
hat 4 mal *e*, 2 mal *æ* vor r + Kons.; vor l + Kons.:
2 mal *æ*, 3 mal *e*.

Cod. Cott. Vesp. D. VI.
Psalm: ferdrinc 22. derne 71. nebescerwe 99. æl-
dran 66. ælmeahtig 86. 98. ælmæhtig 130. ælde 143.
sælle 100. swilce 59. Hymn.: ælmehtig 14. gehwilcum
6. gehwilces 15. Zup. Glossen: nur einmal kommt
in diesem Falle *æ* vor, sonst *e*. Ausn.: hlihhan, tirhð.

Mittelkent. elde, vor *h*: *ie, i, y*. (Danker p. 9. 10.)
mkt. Evang.: 30 mal *e*, 12 mal *æ*, zuweilen *y*. (Reimann
p. 14. ff. 23.)

Die kent. Urkunden haben vor r + Kons. meist *e*,
vor l + Kons. *e* und *æ* wechselnd. Damit stimmen die
anderen kent. Denkmäler im allgemeinen überein. Die
sächs.-kent. Urkunden zeigen 2 bestimmt *ws.*-Formen mit
y; ferner noch ein *i* in C. 2.

§ 13. (14.) Der sogen. *u-(o-)*Umlaut.

Urkunden:
A. Theabul 142/8. 143/18. Heortleagu 142/8. 364/23.
reacolvensae 462/10. Daneben aber Raculf 130/7. Ra-
culfi 249/8. 252/31. Raculfcestre 377/26. Ferner Ræ-
culf 528/18. Heaðored 436/5. Heaðobald 436/14; aber
Haðoredus 430/16. teapera 577/2. earan 446/19. Weara-
palde 207/8. ðeara 460/9. 524/15. 575/14. 576/15. 39;
ferner in der 2. schwachen Konjugation: ðeafie 584/7. 8.
9. 576/22. 24. 25. 26. etc. 18 mal. ohne Umlaut geðafie
562/22. 23. Heara 279/16. Leafa II. 154/16. Liaban
II. 153/29. Meapaham 467/27. Ealapynne 560/17.

Ohne Umlaut: aloþ 459/27. alaþ 576/39. Stapulford 68/33.

B. 1. Reada 258/27. 259/22. Meapaham 352/28. mearateag 474/12. earan 533/1. þeara 533/2. — Haðored 343/20. 401/10. 410/7. Haðoberht 401/17. Haðaberht 410/12.

B. 2. Deoran 336/34. steaple II. 18/15. — raculfinga 538/31. 34.

C. 1. Baduualdi II. 56/33. ðara, þara 56/27. smalan 56/27. 27.

C. 2. geðafigan II. 146/29.

Alte Glossen:

Ep. 5 Beispiele für Umlaut, doch ist ungebrochener Vokal in diesem Falle das gewöhnliche. *Cp.* in $^2/_3$ der Fälle ist *a* bei dunklem Vokal der folgenden Silbe erhalten. *Erf.* 4 Beispiele für Umlaut.

Cod. Cott. Vesp. D. VI.

giebt kein Beispiel für *u*-(*o*-)Umlaut des *a*.

Im **Mittelkent.** weder bei Danker noch bei Reimann belegt.

Die Belege von **A.** erlauben dem Schluss, dass der *u*-(*o*-)Umlaut auch fürs kentische Regel war; eine Bestätigung dessen findet sich in den alten Glossen, wo ein Teil der Fälle Umlaut aufweist. Man kann auch an mercischen Einfluss denken, da im *merc.* der Umlaut reichlich belegt ist. Der Umlaut ging, nachdem der *westsächs.* Einfluss den *merc.* jm Anfang des IX. Jhdts. verdrängt hatte, rasch zurück, so dass in der *Vesp. hds.* schon kein Beispiel mehr zu finden ist. Im *westsächs.* war der Umlaut nie stark verbreitet. vergl. Lindelöf, Herrigs Archiv 89. 141. und Cosijn II. Teil. p. 136. ff.

Westgermanisches e.

§ 14. (15.) Kurzes westgermanisches *e* ist im Kent., wenn keine benachbarten Laute es beeinflussen, meist *e* geblieben.

Urkunden:

A. sprece 446/13. becueden 560/30. forecuedenan 563/1. ðegne 446/7. wigðegn 436/24. peg 586/15. II. 202/11. heipeg II. 102/7. folcespeg 586/15. apege 560/21. per II. 102/9. west 7/25. pest 565/19. II. 202/8. 9. pestan 318/16. 17. 19. pel 560/12. peðras 577/1. 2. 560/10. 562/15. peðeras II. 107/1. peðra 562/15. wreðe 207/10. 11. 11. sesterfulne 577/3. 3. 4.

Ausnahmen: oncærrende 446/14. forecuaedenan 459/16. 31. forecuædene 459/21. Þigðægn 531/27. pærgeld 576/7. medeuuæge 364/24. pæstan 318/14. Das *ea* in peastan 586/17. weiss ich nicht zu erklären.

B. 1. pest 467/36. 36. 518/43. paldbera 480/10. Uuigðegn 499/14. edisc 519/3. edesces 509/19. uueges 518/42. þegna 533/2. — Meduuuæian 276/28. Þigðægn 531/27.

B. 2. pest 552/37. oþbrede 599/37. pest II. 132/10. 220/13. pestan II. 132/18. 539/31. ðegne 101/23. þegne 459/13. 520/1. felda 114/25. 403/17. setl 403/13. 20. setle 114/17. 18. 403/14. 20. peg 220/14. 539/32. 586/15. peges 132/14. 539/39. miadopegan 132/10. miadapegan 132/7. medepegan 168/14. cpedenan 517/19.

C. 1. weie I. 58/8. 9.

C. 2. foresprec II. 196/29. becpeden 146/19. bequeþe 147/8. gesegen 309/14. pergeld 195/26. *æ* in pærgeld 146/23.

Alte Glossen:

Ep. haben zweimal *ae* für *e*. *Cp.* ebenfalls 2 mal *ae*.

Cod. Cott. Vesp. D. VI.

Psalm: cumbulgebrec 11. helpðu 33. helpe 51. wigbed 139. Hymn.: efeneadig 21. hæahsetle 29. Zup. Glossen: stets *e*.

Im **Mittelkent.** *e*, zuweilen *æ* (vgl. Reimann p. 14; Danker p. 10.)

Wir haben also *e* als Regel; die kentischen Urkd. (A.) zeigen bisweilen *æ*, allerdings erst von der Zeit der mercischen Vorherrschaft in Kent an, aber ob hier *merc.* Einfluss anzunehmen ist, bleibt doch zweifelhaft, da von *merc.* Denkmälern nur die Rushworth-Gl. ein häufigeres Auftreten von *æ* bekunden (cfr. Brown § 15). Die *merc-kent.* Urkd. bieten nur 2 *æ*; ferner erscheint es vereinzelt in C. 2. und in dem *Cp.* und *Ep.*-Glossen.

§ 15. (16.) Wgm. *e* nach Palatalen.

Urkunden:

A. agefe 459/31. 561/5. 562/19. 575/33. 576/2. 7. 577/8. 583/26. 575/26. agefen 575/24. 25. (sbj. pr. pl.) 577/8. agebe 560/19. forgefe 576/8. forgef 562/13. gefe 561/10. 562/10. 20. 576/22. pærgeld 576/7. Feologeld 435/4. 447/38. 463/41. 532/17. Feolageld 451/18. Piligeldi 132/14. Wingeld 144/26. 3 mal erscheint *æ*: gæfe 459/6. 16. agæfe 459/33. *y* einmal in Felogyldus 403/26.

B. 1. Feologeld 517/32. buggengete 519/5.

C. 2. begete II. 146/26. 147/15. begetan 309/5. pergeld 195/26. pærgeld 146/23.

Alte Glossen. (Dieter p. 21. f.)

Ep. Kein Beleg. *Cp.* stets *e*. *Erf.* *e*.

Cod. Cotton Vesp. D. VI.

Psalm: forgefenesse 38. forgef 40. 64. 140. 155. forgefene 52. Hymn.: Kein Beleg. Zu p. Glossen: stets *e* (p. 4).

Im **Mittelkent** stets *e*. (Danker p. 10. Reimann p. 16.)

Die Diphthongierung des *e* zu *ie* ist somit in keinem einzigen *kent.* Denkmal eingetreten.

§ 16. (19.) *e* vor *r* + Konsonant.

Urkunden:

A. geuueorðe 446/21. wiorð 446/11. geleornie 446/12. geueorðiæ 459/14. 18. peorðe 576/9. 15. gefeormien

583/23. feorm 429/20. feorme 577/9. speorde 576/7. hunesbiorge II. 202/5. 10. geornliocar 575/20. peorde 575/14. Mit berht gebildete Eigennamen bewahren *e* meist, wenn berht zweites Glied der Zusammensetzung ist; Einwirkung des Palatals. Als erstes Glied erscheint häufiger Beorht, wohl infolge des stärkeren Tones.
Æthelberhtus 7/11. 206/29. Eadberht 132/12. Egisberht 133/1. Cuðberht 226/24. Ercumberhto 20/13. Albertus 272/11. Gumbercti 68/16. Berhtuald 131/10. Berhthæð 435/12. Berhtwaldus 144/21. etc. etc. Heabeorhti 274/17. Beorhtulf 518/36. Biorhtuuolfo II. 201/31. u. s. w. Für *eo* erscheint *ea* und *a* unter dem Nebenton: Þerenbearht II. 102/31. Sebearht II. 102/36. Cialbarht II. 107/11. Mit Umlaut: Þærenbyrht 435/25. Denebyrht 435/30. Higbyrht 435/31. Byrhtmund 435/35. Dazu Methathese des *r*: Brytuualdi 107/34. Brithuualdi 124/27. 125/2. Brihtuualdus 135/9. Brightwaldo 133/11.

Ferner: Beornod 457/35. Beornðryð 459/6. 38. 460/3. Beornmod 574/23. 33. Peorrocas 207/9. Seorre 268/26. Wechsel mit *ea*, *ia*, *io*: Bearnferþ 107/10. Bearnhelm II. 107/11. Biarnðryðe 460/13. Biornmod 447/27. Biornhard 447/29. Byrnhames 282/38. Ungebrochenes *e*: Bernhardi 71/26. 122/33. Bercul 234/32. Berkamystede 128/35. Serræ 268/17.

B. 1. gepeorc 344/12. Ædbeortus 254/18. Ellenbeorge 293/28. Jaenbeorhtus 343/13. Cynebeorht 343/19. u. s. w. Peorhamstede 344/8. aber Perhamstede 342/21. Ciorninge 409/7. (*Kemble:* Charing; andere *hds.* Cherringe). Seleberhtes cert 409/8. Tome porðige 409/33. (weo > wo). Sueordhlincas 449/12. 476/16. sueordhlincum 477/14. aber suerdling 450/20. sceorfesstede 474/17. Denebierht (!) 480/29. firhðe II. 47/20. 517/20. fyrhðe II. 517/20. 23. fyrhðes II. 220/13. Diernoðo II. XVIII./27. Ungebrochenes *e* steht ferner in: cerring 410/25. selebertes cert 410/26. Selebertes ceart 411/7. berham 410/26. Cerringges 411/7. Berham 411/8.

B. 2. beorges 584/4. beorge 584/29. II. 458/18. beorh II. 458/18. biorh II. 403/18. 19. 20. 22. biorg II. 403/24. biorgum II. 403/21. ceorla II. 458/23. biddanstiorf II. 109/3. Beornheardi I. 127/11. Beornmodo 580/29. Beornuulf II. 168/34. 36. etc. Ceolbeorht I. 585/7. Holanbeorges II. 12/14. Biorhtstan II. 405/10.

Speordlingas II. 570/8. Suordinge (*Kemble* Sunerdlinge); Teorringas (*Kemble* Terringes) II. 570/9. — Suuyrdlingan II. 496/31. Ecgbearhtes I. 580/26. Herebearht 585/11. Eþelbearht II. 61/39. 115/15. 27. Biarnulue II. 156/20. Biernulfi II. 156/27. — Cert II. 18/1. 7. cildebergas II. 18/14. iehperfed II. 101/26. berge II. 117/40. berh II. 403/22.

 C. 1. Cerotesege 57/10. 14. Cherteseye 57/37. Cherte 57/41. Certeseg 64/15. Erkenuualdo 64/12. ceroteseg II. 203/18. Certeseye II. 203/34.

 C. 2. peorðe II. 196/5. peorðeð II. 196/33. peorðunga II. 309/10. peorld 197/3. feorm 196/8. feorme II. 146/23. daneben ferme 146/12. (XII. Jhdt.).

Alte Glossen. (Dieter p. 20 ff.)

Ep. e erhält sich meist, wenn der auf *r* folgende Konsonant ein Palatal ist, sonst Brechung mit 6 Ausnahmen. *Cp.* vor *r* + Palatal meist *e*, sonst die Brechung das gewöhnliche. *Erf.* hat meist *e*, 4 mal Brechung.

Cod. Cott. Vesp. D. VI.

Psalm: 19 mal Brechung, 8 mal *e*; *eo* auch vor *r* + Palatal. Hymnus: eorðan 5. 13. weorðlican 10. towurpe 24. (weo > wu). Zup. Gloss.: „*io* lässt sich fast ebenso oft belegen wie *eo*."

Die Brechung erweist sich also für alle Urkunden ausser C. 1. als Regel; vor *r* + Palatal herrscht Schwanken; vielfach, besonders in den Bildungen mit -berht, hat der Einfluss des folgenden Palatals die Brechung verhindert. Dasselbe Verhältnis zeigen die alten *Ep.* und *Cp.* Glossen. *Erf.* erhält meistens *e* (und ist deshalb vielleicht früher anzusetzen als *Cp. Ep.*?) Die *Vesp.* hds. zeigt keinen Palataleinfluss. In dem *mkt. Evang.* hat *eo* wahrscheinlich schon den einfachen *e*-Laut angenommen, wo es nicht durch den Einfluss von benachbartem *w* oder *h* zu *o* (u) bezw. *i* geworden war (Reimann p. 26). Als *e* erscheint es regelmässig durch das ganze *Mkt.* hindurch. (Konrath. H. A. 88. p. 158). Der Gebrauch von *io* für *eo* ist nicht so häufig wie Danker angiebt; es begegnet in A. 6 mal. B. 1. 1 mal. B. 2. 8 mal. *Cp. Gl.* 1 mal. *Psalm* 4 mal, nur *Zp. Gl.* zeigen fast eben so oft *io* als *eo*.

§ 17. (20.) *e* vor *l* + Konsonant.

Urkunden:
A. siolf 575/32. siolfne 583/18. sylfum 576/11.
C. 2. seulf II. 146/29. seolfum II. II. 146/21.

Alte Glossen: stets *e*.

Cod. Cotton Vesp. D. VI.
Hymn.: kein Beispiel. Psalm: stets self, selfa etc. Zup. Glossen: kein Beispiel.

Mittelkent. *e*.

§ 18. (21.) *e* vor *h* + Konsonant.

Urkunden:
A. feoh 561/5. fiah 560/20. reohte 561/9. rehtlicast 446/12. 561/1. elesexing 314/17. sex 577/2. mit Palatalumlaut riht 429/20.
B. 2. rihte 293/28. 29. 483/28. 518/38. gerihte 518/41.
B. 2. rihtan II. 87/24. riahte II. 116/2. geriaht II. 132/14. gerihte II. 458/17. riht II. 517/22. geriht II. 517/23.
C. 1. suþriste II. 204/1. (das *s* für *h* oder *g* wird wohl Schreibfehler sein, wie auch im folgenden Beispiel) forþriste II. 58/3. 4. 5. rigt II. 204/12. 13. 16. 19. gerigte I. 57/19. 20. 27. westrigte 58/9. II. 204/3. 3. 6. forþrigte 58/37. II. 204/4. 14. dunrigte I. 58/7. norþrigte 58/11. oferrigte 58/22. 24. uprigte 58/39.
C. 2. feoh II. 146/23. feo 196/1. 2. 309/6. fee 147/12. reht 196/2. rehte 196/36. gereht 146/30. rehtmeodrencynn 196/28.

Alte Glossen:
Ep. sowie *Cp.* und *Erf.* haben *e*.

Cod. Cotton. Vesp. D. VI.
Psalm: unriht 37. 43. 88. unrihtum 61. rihtne 93. Hymn. und Zup. Gloss.: kein Beispiel.

Vor *ht* und *x* ist das früh *akt. eo, io, ia* aus und neben *germ. e, i* schon im späteren *akt.* zu *i* geworden und dies bleibt auch im *Mkt.* (Konrath. H. A. 88. 162).

In B. 1. begegnet *i* schon 772 und C. 1. sogar 675. B. 1. und C. 1. zeigen übrigens nur *i*, die andern Urkunden schwanken zwischen *e, eo, ia* und *i*.

§ 19. (17.) Der *u-(o-)*Umlaut des *e*.

Urkunden:

A. forespreoca 576/18. begeotan 459/26. 28. 575/15. forgeofau 583/19. agiaban 560/8. feola 459/36. reogolparde 459/32. reogolpeord 459/38. hiabenlice 563/7. seota II. 158/13. uueorolde 460/5. peoroldcundum 460/6. piaralde 563/5. Das *æ* in spæstar 576/13. ist Schreibung für unumgelautetes spestar. Heorutford 49/26. Feologeld 435/4. 446/15. 447/38. 463/41. 532/17. *e* ist unumgelautet in Rumining Seta 142/31. 143/25. Felogyldus 403/26.

B. 1. heoratburnan 342/24. Bioraham 409/11. Beoreham 457/9. Hafingseota 401/2. Hafingseotan 402/5. Bobingseata 401/4. Feologeld 450/5. — Meduuuæian 276/28. peropealdo 344/10. Bereham 457/19. medupege 474/11.

B. 2. Porahorna (weo > wo) 552/36. peoras 598/8. portpeorona 599/10. heoratleag II. 18/22. uueopera II. 30/11. forgeofu II. 117/40. meodopæge II. 109/5. miadopegan II. 132/10. miadapegan II. 132/17. miodopæge II. 168/10. medipægan II. 132/16. medepegan II. 168/14. dionu II. 403/23. 23. eoforsol II. 403/25. heorot II. 458/17. perahorna I. 552/9.

C. 1. —

C. 2. begeotan II. 196/4. 24. ageofen 196/22. gecpeodu 195/25. peotum 146/30. heofenes 197/1.

Alte Glossen:

Ep. und *Erf.* haben nur *e*. *Cp.* dagegen beobachtet stets den Umlaut mit nur 5 Ausnahmen mit *e*.

Cod. Cotton. Vesp. D. VI.

Psalm: hiofenum 4. weorada 17. weoruda 30. 37. 95. 122. feola 49. breogo 50. weora 55. weogas 106.

hiofenrices 114. weoloras 117. meotod 141. forgeofene 146. e nur in brega 2. Hymn.: weorada 1. hiofenrices 2. heafena 29. hiofen 13. heofenlic 22. hiofena 42. Zup. Glossen: weorod, weola, neofan, gesweotelian etc. (p. 8.)

Der u-(o-)Umlaut ist nach Ansicht von Paul und Lindelöf (vergl. letzteren p. 150) gemein-altenglisch; im kentischen allgemein Regel. „Das Nichtvorkommen gebrochener Formen im *Ep. Gl.* scheine für das relativ späte Auftreten des Umlauts zu beweisen". (L. p. 151.) Den ersten Beleg finde ich allerdings erst 785 in B. 1. Im 9. Jhdt. ist er aber in allen Urkunden entschieden Regel; nur wenige Ausnahmen sind beizubringen.

Konrath: „Im *akt.* unterlagen bekanntlich *e* und *i* in weitem Umfange der Einwirkung dunkler Vokale der nächsten Silbe. Da aber im *mkt.* ursprünglich *e* und *eo* in ihrer Entwicklung zu demselben Ergebnisse führten, so kann man für *mkt. e* nur dann mit Sicherheit älteres *eo* voraussetzen, wenn dieses etymologisches *io* aus ursprüngl. *i* vertritt." (H. A. 88. 161.)

Die Form *io* für *eo* ist auch hier nicht reichlich zu belegen: in A. kein *io*, aber 3 *ia*. B. 1.: 1 *io*. B. 2.: 1 *io*, 2 *ia*. *Ps.*: 2 *io*, *H.*: 3 *io*, 1 *ea*.

§ 20. (18.) *e* im Auslaut.

In den Urkunden finden sich sehr zahlreiche Beispiele für *se*, *þe*, *he*, *we*, *me*, *be*, *ge*, *ne*, die zu belegen überflüssig ist. Nur C. 1. hat *bi* II. 204/1. 2. 4.

§ 21. (23.) $e + w > euw > eow$.

Urkunden:

A. feoper 576/8. 577/1. eouuer 591/35. eop; eouuere 591/36. iop 460/8. ðiow 460/4. ðiope 576/5. ðiopas 459/12. ðipen 563/1. eapa 575/27. 29. (zu eowu *urgm.* awi, vgl. Sievers § 73. Anm. 1.)

B. 1. Hagena treou 366/30. treo 556/23.

B. 2. ðeopien 599/36. iop II. 118/1. eop II. 118/3. feoper II. 157/33.

C. 1. treuue 57/22. treouue 57/23. II. 204/8. treouuen 57/26. 27. II. 204/11. 12. triwe 58/4. triwen 58/24. triuue 58/30. 30. triuuen 58/25. treiuue II. 204/8.

Alte Glossen:

Cp. teltreo, treo. cnioholen. *Ep.* cnioholaen. *Erf.* cneorissae. cniolen.

Cod. Cotton Vesp. D. VI.

Zup. Glossen: lateau.

Mittelkent. trau, trowe,

k(n)owes (Brown p. 40.) læreawas. (Reimann p. 29.) eowre, und „da sich aus $o + w$ u entwickelte, die lautlich identischen Formen urum, uren." (Reimann p. 23.)

§ 22. (24.) Wgm. $eh + o, u$ giebt $ê o$ (io) im *ws.* durch Ausfall des h und Kontraktion.

In den **Urkunden** kein Beispiel.

Wgm. $e + e$ ergiebt $ê$ (cfr. Sievers § 113).
ten (aus *të(h)en) 459/36. 575/33. 577/2. ðreoteue 576/8. fiftene 577/9.

Westgermanisches i.

§ 23. (27.) Wgm. $i =$ *indogerm. i.*

Urkunden:

A. cild 583/20. cilda 583/25. pit 459/11. piten 577/5. friðe 583/21. fisces 459/25. geuurit 591/36. geprit II. 154/17. geprite 563/6. 577/6. þincggeprit 563/10. ilcan 459/21. 583/29. 586/16. II. 158/14. ðiðer 576/17. auuritene 460/10. gif 459/24. 24. 560/30. 561/4. etc. 30 mal. gib 561/3. pið 575/34. II. 202/10. wiððanðe 575/19. 29. uuið 591/35. 35. bið 576/12. 14. 39. betpix II. 134/20. siððan I. 560/13. 31. Im persönlichen Fürwort der dritten Person: his 446/5. 6. 12. 460./4. 5. 560/12. 13. 17. 20. etc. 37 mal. him (dat. sg. u. pl.) 459/38. 561/8. 9. 575/18. 20. 576/8. 10 etc.

hire 460/4. 5. 560/29. 575/20. 24. etc. hira 561/1. hyre II. 106/27. hyra II. 107/4. hit 575/12. 16. 17. 577/3. 583/30. II. 107/17. 18. etc.

e erscheint für *i* nur in dem Fremdwort messe: messepriost 460/2. messepreoste 576/5. messan 460/2.

B. 1. geprit 446/14. Cpichege 293/30. Friðöingden; Friðesleah 443/13. Friðæleah 443/17. bituihn 480/13. fisc 518/38. niðer 518/41. cildebergas II. 18/14.

æ für *i* in mæsseprioste 446/6.

B. 2. lið 599/32. II. 220/12. unmiltse I. 599/36. gepriten II. 87/20. friðæ II. 109/1. dic; dices II. 538/33. pið II. 101/25. hire I. 599/33. II. 87/20. 21. his II. 87/19. 21. 23. 23. II. 101/23. hit II. 87/21. 23. 25. him II. 101/26.

C. 1. iwrite 57/13. dich 57/16.

C. 2. geprit II. 197/20. geprite 195/14. gepriten 196/27. apritene 146/31. 147/21. 197/5. gesibbra 196/32. cpice 195/22. ilcan 196/22. unbefliten 195/27. 196/17. 2 mal gyf 146/20. 27.

Alte Glossen: stets *i*.

Cod. Cott. Vesp. D. VI. stets *i*.

Hymn.: wuton 1. cwucra 39. durch Einfluss des *w*; *wi > wio > wu*.

Zup. Glossen: *i* für *e* namentlich in wig.

Mittelkent. Zuweilen *e* geschrieben neben dem gewöhnlichen *i*.

§ 24. (26.) In zwei Fällen ist *wgm. i* auf altes *e* zurückzuführen. 1) Vor Nasal + Konsonant.

Urkunden:

A. asingan II. 107/4. gesinge 460/2. 4. limpeð 459/21. 27. belimpð II. 158/14. belimpað II. 202/14. forgelimpe 446/20. ðing 429/20. 575/33. ðincg II. 107/3. þincggeprit 563/10. ðingum 583/22. geðinge 560/28. 591/35. geðinga 560/6. 577/12. pintres 577/3. innganges 575/30. binnan 576/5. simle 459/35. 562/17. sindan 560/6. synt II. 107/7. sint 591/34.

B. 1. uuintres 344/9. timber 344/9. binnan 342/25. 366/31. sen (sindon) 450/18. geðincgo 533/2.
B. 2. sint 552/35. II. 132/10. sindan 533/1. II. 62/14. geðingian II. 87/24. simle II. 87/26. limpð 101/28. belimpoð 114/22. limpað 116/2. belimpað 403/23. synt 458/13. 21. 477/9. 403/22. 538/31. 573/17. syndon 526/5. 517/19. 24.
C. 1. þing 57/12. innan 57/16. synden 57/37. 38. vinde 57/40. syndon 117/25.
C. 2. belimpað II. 196/23. sindon 146/31. 197/5. 6. synden 147/21.

Die andern kent. Denkmäler haben auch *i*, Zup. Glossen „*y* in bryn (für breng), cynð. *mkt. Evang.*: „*u* nach *w* in swunc, auch in winwrungan. (Reimann p. 23.) *y* in gecyndlum, synt (= sent zu sendan) Reim. p. 18 f.

2) (§ 25). Wenn *e* vor ursprünglichem *i*, *j* der Folgesilbe stand, wurde es zu *i*. Oft blieb *e* durch den Einfluss der übrigen Präsensformen erhalten, resp. es wurde zu *eo* umgelautet durch einen dunkeln Vokal der Folgesilbe. Die Beispiele hierfür sind in andern §§. schon gegeben (so agefes, begeotan, forgeofu, weorðeð etc.).

Urkunden:

A. forgifeð 577/9. agife II. 107/19. 21. gifeðe 575/15. 576/13. biddo 460/7. 583/28. bidde 459/39. 563/3. 576/1. biddaþ 459/11. liggende 565/24. (ic) pille (verbum) 583/18. (ic) pilla 562/12. (he) pille 563/6. 9. pile 575/17. 576/13. pilla (substant.) 575/9. 12. 16. 583/15. 31. in der Zusammensetzung mit der Negation ne: nylle 575/22. 32. 32. und nelle II. 107/21. middepearde II. 202/6. ðritig 576/39. 577/2. mid 561/9. 562/10. 11. 20. etc. 30 mal. mið II. 154/17. myd. II. 106/27. mittan 459/27. 562/19. mittum 459/27. In den Fremdwörtern arcebiscop und cirica ist *i* auch stets erhalten geblieben.

B. 1. mid 344/7. ðridda 467/8. ðritiges 512/26. thridda 469/16. middael 558/1.

B. 2. mid II. 87/22. 26. 27. II. 116/2. cpide 87/27. ðriddan II. 114/24. bidde II. 118/2. middel I. 519/9. 13. 14. dices 519/10. 12.

C. 1. mide 57/16. liggeþ 57/37. middan 117/30. midne II. 117/34.

C. 2. biddað II. 309/16. abiddan II. 146/23. abidden 147/13. pille 196/30. (ic) pillio 196/30. (he) pille 195/26. 196/5. 11. 13. 36. pillen (3. ps. pl.) 146/21. pilliē 146/22. pillæn 196/18. pillað 309/9. piht 196/23. pihte 146/29. fullpihte 196/28.

Alte Glossen:

Ep. immer *i* gibaen. *Cp.* ofgefen, geben, gelpende, sonst *i*. *Erf.* geben, sonst *i*.

Cod. Cott. Vesp. D. VI.

Psalm: forgef 46. 64. 140. 150. forgefene 52. — Hymnus: — Zup. Gloss. gefe, ageldan, gelpan, forweorð, aweorpð etc. (p. 4. 17.)

Mittelkent. gefe, forgefe, forgefen, ongetað, begete, forgelde; daneben gyfan, etc. (Reimann p. 16. 23.)

§ 25. Brechung des *i* vor *h* + Konsonant.

Urkunden:

A. Uuiohtbrord 252/22. Uuiohthun 437/16. Þiohthun 446/2. 451/18. Þiohtred 531/38. Uueohthun 436/38. Palatalumlaut veranlasst aber vielfach wieder die Rückkehr zu *i*: Uuihthun 437/16. 450/3. Uuihthere —. Ferner Uuuihtredo, Þihtredo, Withredi, Wichtredi und Whytredus etc.

B. 1. Uueohthun 355/30. Þiohthun 401/21. 410/11. Þiohthert 421/29. Þiohtred 531/38. (piolhtringden 480/10.) sihtre 421/7.

B. 2. Þiohtgar II. 62/8. betpeox 526/10.

§ 26. (33.) *u*-(*o*-)Umlaut des *i* (> *io*, *eo*).

Urkunden:

A. bewiotige 575/20. uuiotan 591/35. piodu (*ahd.* witu von *kelt.* gwydd. *Leo* 184/45.) II. 202/9. 9. 10. peada 560/11. Durch Einfluss des *w* wird die Gruppe wio > wu in pude 586/17. pudes II. 107/2. sioððan (nach Verkürzung des ursprüngl. *i* umgelautet) 575/13.

30. niomanne 575/23. hiora 446/6. 7. 9. 11. 19. 459/13. 15. 18. 30. 33. 460/1. 6. 10. 576/11. 583/23. 25. 591/35. heora 583/24. 27. 584/1. Beispiele für Umlaut vor Doppelkonsonanz sind: siondon 460/10. siondan 459/12.

frið als erstes Glied von zusammengesetzten Eigennamen zeigt stets Umlaut:

Freoðomund 436/8. 576/7. Freoðomunde 576/11. Freoðuberht 436/28. Freoðored 437/8. Freodoric 574/31. Frioðogeard 524/11. Freothoric II. 25/6. 9.

Als zweiter Wortteil ist aber das *i* unumgelautet erhalten, infolge der schwächeren Betonung: Bultfriði 132/23. Eatfriði 131/22. Uuilfrið 226/23. Eanfrið, Æðelfriði, Osfridi; die geringere Betonung ist auch der Grund für den Ersatz des *i* durch *e* in Beornfreð 564/19. und nach Metathese des *r*: Tidferð 431/3. Þigferð 435/7. Beornferð 586/40.

B. 1. puda 518/39. 486/37. Þudu Tun 413/12. aber auch pidde 485/20. uuido 344/11. Þedetun 419/9. Freoðorne 234/34. Friðurici 254/36. Ecgfrið 355/19. Herferd 458/18 etc.

B. 2. pioda II. 101/28. stiogole II. 114/11. freoðorices II. XV./22. biohahhema II. 114/20. Freoðogeard I. 599/30. Freðoric II. 19/2.

C. 1. Wudeham II. 203/19. 204/1. Wodeham II. 204/1. estuuodesende II. 204/6. estuuode II. 204/7. Fritheuualdus I. 55/21. 25. 56/27. 64/11. Frithurici 64/30.

C. 2. gepriotu II. 196/29. geprioto 196/36. apreotene 196/30. peotum 195/15. gepeotan 195/15. deodan 309/6.

Alte Glossen:

Ep. hat keinen Beleg für *u*-Umlaut, aber uuluc und uudubil. *Cp.* hat den Umlaut; nur 3 Ausnahmen. *Erf.* kennt den Umlaut nicht.

Cod. Cott. Vesp. D. VI.

Psalm: sioððan 67. 104. 118. hiora 108. Im Hymnus kein Beispiel. Zu p. Gloss.: seoððan hiora, hiore.

Ich verweise hier auf das zum *u*-(*o*-)Umlaut von *e* in § 19 Gesagte.

§ 26. (29.) *i* + *a* (aus *o*) ergiebt *io, eo, ia*.

Urkunden:
A. friond 562/13. frionda 562/16. friodome 587/17. friols II. 134/21. freonde II. 106/27. friandum 561/3. friadome II. 154/16. hio 446/8. 9. 577/9. sio 459/39. hia 561/1. 5. 575/16. 22. 32. II. 107/4. sia 560/17. 563/7.

B. 1. —

B. 2. ðreo 337/3. seo II. 477/15. 16. friodome II. 132/20.

C. 1. friedome 57/12.

C. 2. hio II. 146/21. 26. 26. 29. 29. 195/24. 25. 196/12. 13. 15. 18. 22. 30. 197/2. sio 146/20. 27. 196/2. 4. 6. 12. 23. 27. 29. 35. ðeos 196/29. ðeosse 197/5. 309/15. sion 196/30.

Alte Glossen:
Cp. geeode. geeodun. frioleta. hio.

Cod. Cott. Vesp. D. VI.
Psalm: geiode 13. hio 57. hiom 58. beeode 67. befreo 111. frea 98. 136. Hymn.: sio 4. fiond 25. frea 20. Zup. Gloss.: freondscipas. sonst meist *io*.

Im **Mittelkent.** steht *eo* und *io*.

§ 27. (30.) *i* + *e* ergiebt *ie* durch Kontraktion. hie 460/1. 577/5. 5. 575/25. 27. 576/10. 583/22. 23. einmal hiae 459/35. sie 446/10. 14. 459/24. 25. 32. 39. 561/5. 6. 562/18. 575/14. 14. 22. 24. 31. 33. 576/10. 15. 15. 18. 577/3. 7. einmal siae 583/25. se 560/14. 563/6. 8. sien 460/5. 583/31.

§ 28. (32.) Durch Ausfall eines Nasals vor stimlosen Spiranten wird *i* zu *î* gedehnt.

A. fif 575/34. II. 158/18. fiftene 577/9. fiftig 460/4. 476/39. Spiðuulf II. 201/30. Suuithuun 274/11.

B. 1. riðe 483/21. 22. 30.

In andern Denkmälern auch stets *i*.

Westgermanisches o.

§ 29. (34.) *o* unbeeinflusst durch Nachbarlaute, bleibt *o*.

Urkunden:

A. beboden 563/6. uuord 459/17. horn 571/21. goldes 576/6. culufransola 586/17. ðornes 525/23. 526/20. Ægyðeðorn 525/3. ðorne 445/10. 19. ford 523/3. II. 158/15. forda 522/27. fordæs 524/14. dohtar 561/7. oxan 575/21. 28. oxnum II. 100/16. 16. folc II. 107/18. folcespeg 586/15. Folcanstan 130/7. Folcanstane 575/28. Folcuuine 252/21. Folcheres 525/22. Folcuuininglond 461/27. 32. etc. mundbora 576/18. god 562/12. 575/11. 12. 14. godes 459/6. 12. 460/4. 560/12. 20. 562/10. 20. 563/1. 3. 576/6. 22. 577/5. 583/26. 28. norðlanan 7/26. norð 586/18. norðan 318/14. 16. 17. 19. 586/18. II. 202/5. 8. for 459/30. etc. 18 mal. fore 459/9. 9. 10. u. s. w. 16 mal. foran 459/36. 39. forgef 562/13. forgifeð 577/9. forgelimpe 446/20. forespreoca 576/18. forecuedenan 459/16. 21. 31. beforan 446/6. 460/10. forð 560/13. 575/13. 586/17. forða 561/6. strodes II. 202/13. oð 7/26. 563/5. etc. 12 mal. oððe 460/20. etc. oðða 459/28. 575/25. 32. etc. ofer 446/9. 576/37. 37. 583/25. ober 583/21. II. 202/6. 7. 11. oferlifde 560/31.

B. 1. norþe 293/30. norð 483/27. 518/37. norþan 483/34. bisceopesðorn 518/43. stættingforda 518/37. bord 519/1. Godmæresham 518/35. norðan 518/42. 519/1. ofer 518/41. sol 518/39.

B. 2. oð II. 132/11. 12. 15. 16. 18. oþ II. 132/10. 526/6. 7. 7. oðða II. 132/13. norðan II. 132/11. 15. 168/12. north II. 526/5. 9.

C. 1. forþ II. 204/2. 3. 5. 17. 18. 19. forthe II. 204/4. horeþorne II. 204/7. 8.

C. 2. geporden II. 146/29. polde 146/30. 147/19. noldan 309/8. pord 195/25. 36. 197/8. golde 309/6. folclondes 196/11. godes 196/17. 309/7. 12. cornes 196/26. beforan 146/30. foresprec 196/29. forðon 309/8. forðrid 146/25. forðcymeð 196/33. forðpeard 196/31. ofer 196/6. 34. oferæcan 196/17.

Vergleichung ist hier unnötig, da alle in Betracht kommenden Denkmäler das *o* erhalten haben.

§ 30. (35.) *o* in der Nähe eines Labials wird zu *u*.

Urkunden:

A. fultumie 575/17. gefultemedan 562/13. 17. fullum 583/17. fulne 459/27. 562/19. 577/3. 3. 4. fulre 563/8. fulliae 459/17. fulgere 577/6. gosfuglas 577/2. hennfuglas 459/24. 577/2. henfuglas 562/19. henfugla 560/11. II. 107/2. fuguldæg 459/24. lufe 583/28. Ferner die zusammengesetzten Eigennamen mit -uulf. Æðeluulf. Beornuulf. Cuþuulf. Uulfheardus. Ædpulfi 131/26. Ealdulfo 229/28. Wulfheard 479/22. Þulfheard 446/2. Wlfred 479/19.

Ausnahmen: Æthelpolf 565/13. 29. 566/10. (Eardpolf II 147/22.)

B. 1. fulan 483/21.
C. 1. fullen 57/12.
C. 2. fultume II. 196/8. fulpiht 196/23. 309/15. 19. fuhlpihte 196/28. Eardpolf 147/22. Sypolf 147/24.

Alte Glossen haben uulfes, fuglaes, fultemendi, handful etc. stets *u*. (Dieter p. 30.)

Cod. Cott. Vesp. D. VI.

Psalm: lufan 47. 110. 115. lufast 68. nelufedest 123. fuloft 13. hehtful 71. sorhfullan 142. synfulle 56. Hymn.: lufian 3. Zug. Gloss. ful, fugel, fulfremian, fultumian (p. 49).

Mittelkent. „tritt vielfach, und zwar nicht nur durch den Einfluss eines Labials, *u* für *o* ein, und auch umgekehrt *o* für *u*, die verwandte Aussprache beider Laute ist der Grund der Vertauschung." (Reimann p. 21.)

§ 31. (36.) Behandlung des *o* vor Nasalen.

Urkunden:

A. huniges 459/27. 562/19. 577/3. becume II. 107/17. sumermessan II. 158/19. ærfenuman 583/30. ærbenumena 562/19. Lundoniæ 20/24. 528/35. Lundenwic 268/23.
B. 1. sumeres 344/12.
C. 2. punaden II. 309/9.

Alte Glossen: hunaeg. binumini. hunig. wunat. þuner. hunegsugae. etc. (Dieter p. 30.)

Cod. Cott. Vesp. D. VI.

Hymn.: wunast 18. Zup. Gloss.: cuman. fruma. wunian etc. (Register.) Psalm: fruma 20. liohtfruma 47.

Mittelkent. becumeð. aber auch comð.

§ 32. (37.) Der *i*-Umlaut von *o*.

Urkunden:

A. æfterfylgendum 459/34. mynster 143/25. 575/24. 32. Suðmynster 130/7. Suðmynstre 517/22. 528/27. Suðmynter 517/20.

In den bisherigen Fällen war *o* schon < *u* geworden und dessen Umlaut hat *y* ergeben.

doehter 560/18. aelmessan 459/15. 19. 30. 37. (vgl. Cosijn. Aws. Gr. p. 97. Pogatscher § 38). ælmeslic 583/25. ælmeslice 446/12. elmesse 560/17. elmessan 563/2. elmestlicast 561/2.

B. 2. elmessum II. 118/3.

C. 2. elmessan II. 196/22.

Alte Glossen: Wo *o* schon zu *u* geworden war, ist der Umlaut *y*, sonst *oe*. *Ep.* soergendi. loerge. *Cp.* ðroehtig. cerfelle, cellendre. *Erf.* loergae. (Dieter p. 26 f.).

Cod. Cott. Vesp. D. VI.

Psalm und Hymn.: kein Beispiel. Zup. Gloss.: hat meist *e*.

Im **Mittelkent.** ist der Umlaut *e*.

Die wenigen Beispiele scheinen schon anzudeuten, dass *oe* die ältere Form ist und *e* die jüngere. Die alten Glossen haben *oe*, mit 2 Ausnahmen von *e* in *Cp.* (dies wäre vielleicht später anzusetzen als *Ep.* und *Erf.* oder die *e* durch einen späteren Schreiber eingesetzt!) Vgl. dazu § 43: lang *oe*.

Westgermanisches u.

§ 33. (38.) Wgm. $u = u$.

Urkunden:

A. geunnan 575/32. unnan 575/12. unnen 583/28. cunne 575/15. fundene 561/2. suna 560/30. 576/13. sunnan 560/14. unce 459/14. uncerra 459/10. 10. hund 459/36. 575/33. 34. 576/39. II. 606/1. ðreotenehund 576/8. pund 459/24. 577/8. 9. ansundran 575/29. 34. godcundum 459/14. 19. 460/6. 583/24. godcundan 460/1. 573/30. godcunde 460/8. peoroldcundum 460/6. dugunde 459/23. mundbora 576/16. mundbyrde 576/23. 583/21. sacecumb 519/2. sulong 446/19. spulung 575/18. II. 158/6. sulungum 560/18. spuluncga 459/8. sufla 459/36. gesuflra 459/30. 560/15. benuge 575/30. atuge 561/1. butran 459/25. 577/3. culinga 318/14. 15. 19. cutues 364/20. ðuscing 525/22. culufransola 586/17. ðurh II. 202/10. þurh 586/17. II. 107/18. ðus 459/18. up 586/16. ufre 462/5. scufeling II. 102/8. burgpara II. 102/9. burgparamedum II. 102/10. Burparamers II. 606/2. Burhpare II. 314/7. Burhgate 8/27. Burhwaremarce 10/2. Ædilburga. Uuerburgam. Ealhburg etc. burna 585/4. Bradanburnan II. 106/29. Fræricburna 585/2. etc.

geo aus ursprünglichem *ju* in Godgeocesham 275/35. gioc 584/2; und undiphthongiert: iocled 462/5. iocleta II. 158/6.

B. 1. burhrode 467/36. 36. 38. burhstræte 467/36. ðurh 518/43. up 519/1. burpare 519/5. 9. geocled 449/15. ioclet 476/19. 477/7. sulung 449/14. 476/17. 477/1.

B. 2. sulung 552/35. II. 101/24. sunun I. 599/33. buruhperedes 599/35. unnan II. 87/22. 24. unc; buta; uncre; butan II. 87/23. butan II. 87/25. 101/27. 27. 28. 526/10. sulungum II. 101/25. sullinga II. 525/17. sulunga II. 538/8. 539/24. up II. 526/7.

C. 1. þurg 57/12. 58/6.

C. 2. geunnan II. 196/11. unnan 146/20. unnen 147/10. sunu 196/9. uncer 195/25. 27. uncre 309/6. 7. uncum 195/22. godcundan 309/11. puldre 309/10. buton 146/21. buten 147/10. ufan 196/30.

Alte Glossen haben zahlreiche Beispiele für dieses *u*.

Cod. Cott. Vesp. D. VI.

Psalm: under 4. cumbulgebrec 11. þurh 15. 25. 74. ðurh 42. 87. 110. anfunde 25. wunde 52. 142. 155. tunge 115. munde 151. giogoðe 143. Hymn.: wuldrian 1. wuldor 4. gumena 6. wuldordreames 10. sunu 16. uppe 5. upplican 19. ðurh 27. wuldre 43. Zup. Gloss.: „giogeðe. giohðhade. gionne; *geo-* kommt so nicht vor, wohl aber steht iunges." (p. 8.)

Mittelkent. „yegepe, das nur auf geogoþ zurückgeführt werden kann; aber yok, stets yong, gong (einmal genge), gung, giung, geugeþe." (Konrath. p. 157.)

§ 34. (41.) Der *i*-Umlaut von *u*.

Urkunden:

A. byrg 461/30. 459/39. 524/15. 526/20. 533/2. Cantuarabyrg 459/7. cynincg II. 202/29. cyniges II. 102/7. cyninges 446/7. II. 102/8. 10. 202/13. cyninge 583/16. Cyningestun 587/19. cynincges 485/20. cinges II. 158/18. 202/7. 7. 8. cyncges 516/6. cingesdic II. 314/2. cynn 575/13. 576/14. cynnes 560/31. 561/7. cyn 561/8. cynlic 460/8. hyhte 459/9. hyrst 518/43. Ægylbyrhtingahyrst 566/26. und Ægilbertinherst 565/21. Helmanhyrst 585/6. hyge 586/16. ðynce 460/8. 561/9. gemynen 460/7. 583/24. gebycge 446/20. nytt 459/33. 575/18. 576/16. nytlicas 561/9. pyt II. 202/9. pytte II. 202/10. yferran 575/31. nymne 446/14. myclan II. 202/8. ymb 459/14. 17. 20. 35. 562/11. 17. 575/10. 10. 577/7. 591/35. ymbe 560/29. Dryhtnoð 464/13. II. 154/37. Drihtnoth 574/30. Drihtnoþ II. 107/9. Cyningesmarce 10/2. 3. Cingesculand 452/9. Littelburne 128/3. Þynnhearding 462/4. (zum subst. pynn.) Ferner gehören hierher die zahlreichen mit *cyn-*, *cyne-* gebildeten Eigennamen (zum Stamm *cynn*) Cynehelm, Cyneðryðæ, Cynehard, Cynred, Cynyadi. Kynheri, Kynygytha, Kynigitha, Kinigithae. *y* im Auslaut gelangt: ðy 575/19. 577/9. 9.

B. 1. Lindhrycg 277/27. Kynedrithæ 294/7. sandhyrst 342/22. eppanhrycg 353/2. bleanheanhric 366/28. Cenegiða 413/5. 24. hirst 443/13. 17.17. Kynhelm 443/37. Mylentun 508/33. 510/10. 12. Meletun 510/17.

Cenedrytham 534/27. gedere 293/29. gebyhte 483/22.
23. cyninges II. 100/15. 16. cyninges 455/2. 483/23.
491/32. lytlanlea 483/27. cynincges 485/20. cyncges
486/36. cing 235/7. mycel 235/6. pytlea 518/39.
B. 2. cyning 552/34. II. 101/23. 24. 25. cinges
II. 168/12. 13. cing II. 459/13. 520/2. 539/25. cincges II. 517/20. 23. hyrst I. 585/6. II. 458/22. 22. 23.
477/13. 15. 15. stanhyrst II. 517/24. miclum II. 101/23.
Dryhtpaldo II. 113/27. nyt 118/2. lytlan 403/19. hrycg
II. 538/32. hrycges II. 458/15. lindhrycg II. 517/24.
miclan II. 219/22. miclangrafe II. 519/9. pyt 519/11.
gebyriað II. 458/21. geberigað I. 553/2.
C. 1. King 57/11. Kinges 57/40.
C. 2. byrg II. 146/30. gebyrge 146/25. cyning
196/11. 197/1. Angelcynnes 196/29. gebygcge 196/5.
getrymed 196/31. gedyrtig 309/17. 2 mal embe II. 147/7.
17. (aber XII. Jhdt.).

Alte Glossen. (Dieter p. 31.)

Umlaut von *u* ist *y*. — *iu* für *y* in: gitiungi. (*Ep.*)
buiris (*Cp.*)

Cod. Cott. Vesp. D. VI.

Psalm: cyninga 3. dryhtnes 9. dryhtne 27. 30. 122.
125. 148. dryhten 37. 59. 63. 89. 95. 126. ymb 19.
gyltas 29. gylta 85. 113. synna 28. 44. 60. 156 synnum 61. 65. syngode 48. synfulle 56. miclan 35. micle
126. yfela 49. cynn 60. mancynnes 111. 141. cynedomes 150. sigedryhten 120. gehnysta 128. wynfæste
134. gemyndig 148. Dagegen steht *e* in: godferhte 14.
sceldig 20. scelda 46. sceldum 64. sennum 39. geltas
40. gelta 50. leðre 42. gramhegdig 50. snetera 72.
hehtful 79. heht 101. wenne 81. 158. getreme 103.
getremed 134. mundberd 109. bretta 123. *æ* in fræmsume 131. also 36 mal *y* (i) gegen 18 *e*. Hymnus:
dryhten 1. 12. 18. 37. miclan 11. cyninga, cyningc 15.
manscilde 23. gemyndig 31. cynne 32. ðrymme 40.
heahcyninc 42. einmal *e*: gefelled 43. Die Schreibung
e überwiegt also hier nicht, wie Danker p. 11 behauptet.
Zup. Glossen: hat *e* als Umlaut von *u* statt *y*. nur
12 mal *y*, 5 mal *i*, sonst steht aber überall *e*. gefellan,
ferht, geldan, gerdels etc.

Mittelkent. *c* (Danker p. 12.) Reimann p. 16. u. 24.: *e*, aber auch einige seltene Fälle von *y*, welch letztre vielleicht dem Schreiber zuzuschreiben sind.

Aus den Beispielen scheint deutlich hervorzugehen, dass im *altkent.* der *i*-Umlaut von *u y* war und nicht *e*. A. bietet kein einziges Beispiel von *e*, desgleichen B. 2., C. 1., C. 2., nur in B. 1. kommen 4 Formen mit *e* vor gegenüber 25 Formen mit *y*; das erste *e* erscheint 772. In Uebereinstimmung mit den Urkunden bieten die alten Glossen nur *y*. In der *Vesp. hds.* überwiegt *y* weitaus im *Ps.*; im *Hymn.* haben wir 1 *e*; in den *Zup. Gl.* dagegen herrscht *e* vor. (Wir finden auch hier wieder eine bemerkenswerte Abweichung des *Ps.* und *H.* von *Zup. Glossen*). Der Uebergang von *y* zu *e* wäre demnach an das Ende des X. Jhdts. etwa zu setzen.

II. Lange Vokale.

Westgermanisches â.

§ 35. Wgm. *â* aus altem *â* findet sich nur in dem Fremdwort strâta.

A. Drutingstræt 8/28. stræte 7/26. stret II. 102/8. strete II. 102/11. 202/11.

B. 1. stræte 467/37. 37. 483/26. 27. casincg-stræt 483/26.

B. 2. stræt II. 168/13. 517/21. stræte II. 168/14. 132/11. 517/21. 23. 23. strætæ II. 109/6. stret II. 551/20. strete II. 551/20.

C. 1. stræte 117/33. strete 58/30. strate 57/21. 22.

§ 36. (43.) Wgm. *a* = germ. *ê*, got. *ê*.

Urkunden:

A. ælce 562/13. 576/2. II. 106/28. 107/4. ælcum 576/5. 6. spæsenda 459/31. spæsendum 583/29. uuæge 459/25. pæga 562/15. pæga II. 107/1. mægas 575/25. arræddan 446/5. gemære 318/13. 14. 15. 16. 19. 19.

20. ðær 583/20. þær 575/30. ðaer 459/11. 12. 29. þæron 459/12.

gerece 583/30. redenne 576/17. arede 460/3. hemed 575/23. elce 560/7. 18. peg 577/1. pege 560/9. 10. pega 576/3. mega 560/12. 562/16. megas 575/23. meghond 561/6. meguuines 141/25. meihanda 560/31. red 459/32. 584/4. suesendum 459/19. medpe 584/3. medum II. 102/9. 202/13. burgparamedum II. 102/10. healfmed II. 102/10. mere II. 202/6. gemere 318/18. ðer 576/14. ðeræt 576/8. ðeran 576/8. Hierher stelle ich auch nach Hellwig p. 27 die Eigennamen, die durch Zusammensetzung mit Wer-, Wær- gebildet sind (zum ae. Substant. wær (lang ae), ahd. wâra). Þærnoð 435/21. Uuerburgam 131/8. Werburga 135/7. Þerferð 436/15. Þernoð 463/39. Þærhard 532/31. Þerbald 562/28.

Neben den weit zählreicheren Formen mit e in -red, wie Ædilredi 67/32. Gebredi 68/17. Irminredi 71/20. Uuihtred etc., kommt auch einige Male æ vor: Sigiræd 273/22. 274/5. Hetraedi 279/14. Byrhtræde 314/13. Cuðrædus 449/6.

B. 1. meduue 477/4. mere 483/27. 27. gemære 483/32. Þærmund 345/14. Uuaermundus 352/22. 359/31. Uuærnoð 450/7. Þermund 234/35. 518/13. Heardræd 354/9. 359/10. Cudrædus 449/6. Cuthreð 443/5. Cuðred 443/34.

B. 2. mæde 599/32. mæd II. 477/16. 16. mæde II. 219/22. þær I. 599/32. II. 526/10. þærto II. 458/21. ælcan II. 87/25. gemæra II. 109/4. 132/10. 16. 458/13. gemæro II. 477/9. 517/19. 538/31. 573/17. gemære II. 220/13. 15. 517/21. 22. Uulfræd I. 551/22.

gemera 552/35. gemere 526/5. meres II. 168/11. 458/19. dinmeres II. 526/6. 9. mere II. XV./22. heardemed II. 18/16. med II. 30/14. 14. stocmed II. 101/1. sturemeda II. 101/2. mede II. 220/14. ðer II. 101/2. 114/22. ðerto I. 553/2. Þernoðo II. XVII./24.

C. 1. londgimere 57/13. landegemere 57/14. landimere 57/40. 58/1. 2. II. 203/33. londimere 58/28. 29. mere 58/36. 36. 40. 40. — landgemæru 117/25.

C. 2. mæga II. 146/22. aræde 146/23. ðær 146/27. 202/13. rærað 309/12. — arede 147/12. 309/13. areded 146/17. megum 195/16. mega 196/3. mege 196/14. 19. 24. lecedome 309/14. pepnedhades 196/33. þerto 196/10. 15.

Die alten Glossen haben stets *e*. (Dieter p. 18. f.)

Cod. Cott. Vesp. D. VI.

Psalm: mærost 4. wære 20. wæron 83. *e* in: womdeda 19. firendeda 45. misdedum 85. deda 148. ðer 122. Hymn.: wære 20. Zup. Gloss.: hat *e*.

Im **Mittelkent.** ist überall *e* eingetreten. (Danker p. 13.)

In A., C. 1., C. 2. überwiegt *e*. B. 1. und B. 2. zeigen gleich oft *e* und *æ*. Das erste *e* erscheint schon 676 und da auch die alten Glossen nur *e* zeigen, so ist keine zeitliche Abstufung zwischen *æ* und *e* zu konstatieren. *e* ist die ausserwestsächsische Form, die sich im Laufe der Zeit verallgemeinerte und *æ* verdrängte im *Kent.* sowohl wie im *Merc.*

§ 37. (47.) Wgm. *â* aus germ. *ê* wird vor Nasalen zu *ô*. Auch im *kent.* keine Ausnahme.

A. monað 459/35. 562/18. 577/7. tuælfmonað 459/14. 17. 20.

B. 2. monoð II. 87/26.

C. 2. monaðe II. 309/13.

(§ 48.) Dem germ. nasalierten *â* entspricht stets *ô*.

A. fon (sbj. pl.) 575/26.

§ 38. (49.) Der *i*-Umlaut des *ô* in dem vorhergehenden Paragraphen:

A. foe 446/8. 8. 10. 575/12. 576/5. 7. 15. 577/8. foen 575/23. 577/5.

B. 1. Quoenðryðae 517/19. Quoenðryðam 517/21. 26. Quoenðryðeque 517/28. Cpoenðryðam 529/25. Cpoenðryð 530/8. 531/13. Quoenðryð 474/31. einmal *æ*: Cpænðryðe 533/1.

B. 2. æst (*got.* ansts) II. 87/20.

§ 39. (44.) Wgm. *â* nach Palatalen.

Die *kent. Urkd.* haben hier meist *e*, 4 mal *æ*, 2 mal *ea*, und 1 mal *i*-Umlaut.

gere 560/7. 18. 562/13. 576/2. II. 106/28. ful-

gere 577/5. geres II. 107/19. scep 576/4. ceses 562/15.
576/3. 577/1. — scæp 459/3. scæpa 575/21. cæses
459/24. cæsa 459/25. geare II. 107/19. 20. — cyses
II. 107/2.

Alte Glossen:

Ep. gerlice. geri.

Cod. Cott. Vesp. D. VI.

Psalm: begæton 58. Zup. Gloss.: scær. sonst *e*.
(Brown citiert p. 58. „die kent. Gloss. haben 13 mal *æ*,
sonst *e*."

Im Mittelkent.: *e*.

Westgermanisches ê.

§ 40. (50.) Wgm. $\hat{e}$ = ws. $\hat{e}$.

Urkunden:

A. het 560/21. her II. 107/7. 202/30. haer 460/10.
hær II. 154/18.
B. 1. her 235/5.
C. 2. her II. 196/29. 197/5.
cfr. *Psalm*: het 18. 21. andhette 29.

Vielleicht sind noch hierherzusetzen 2 Wörter, deren
Ursprung bis jetzt noch nicht befriedigend erklärt ist:
A. tuegra 344/12. tuægen 459/28. tpægen 575/25. boega
446/9. (*Thorpe*: bæga) 459/17. B. 2. tpygen 598/8.

Westgermanisches î.

§ 41. (51.) Wgm. i bleibt unverändert.

gepite 561/4. 576/14. pite 563/8. prite 562/21. 22.
23. 561/11. 576/20. 22. etc. 20 mal. prito 584/5. 7.
8. 9. pritan 583/15. 575/9. hriðer 459/23. 560/10. 562/14.
hriðr 576/4. 577/1. hryðer II. 107/1. lifes 446/7. 459/10.
561/5. 575/32· 576/12. life II. 107/7. piif 575/16. 22.

29. piib 583/20. pif 446/5. pifes 583/18. 25. uuines 459/28. suin 562/14. 577/2. suina 575/29. min 459/6. etc. mines 583/18. etc. mine 459/37. minne 583/21. minre 583/23. minem 560/1. etc. minra 562/16. etc. minum 459/34. etc. (zusammen ca. 75 Formen). side 565/18. gelice 583/31. lice 575/28. 30. 34. rehtlicast 561/1. elmestlicast 561/2. hpile 560/13. 575/14. 16. wisdome 446/12. pisan 561/2. 576/37. 583/29. tid 459/18. 39. tide 459/14. 18. 36. 37. 460/1. 7. 583/23. 29. tidum 459/31. geblitsade 460/5. gepitnesse 560/20. II. 107/8. 202/30. beniþan II. 202/30. rehtlice 446/12. arlic, ælmeslic 583/25. hpite 562/14. hpita 575/1. pica 584/15. piparapic II. 100/13. 16. higan 575/31. hipan II. 107/4. higon 459/39. 460/7. 576/16. 583/23. 24. 28. 28. 584/1. higum 459/32. etc. 13 mal. hipum 560/8. II. 107/21. hiium 563/3. hypum II. 106/28. hiapum II. 154/16. (*u*-Umlaut nach Verkürzung des *i*; desgleichen in:) hiona 562/12. higna 459/19. 29. 460/9. 577/9.

[Verkürzung des *i* und *u*-(*o*-)Umlaut zeigt sich ferner in sioðdan (im § 26 schon angeführt). C. 2. beneuðan II. 146/31. B. 2. betpeonan II. 403/21. C. 1. betweonen I. 57/39. betweone 57/31.]

B. 1. hriðra 450/31. minra, pica 512/26. Hryðeraleh 451/26. pise 235/6. hidas 558/25. 25. 26. 26.

B. 2. gewitnisse 599/10. gepitnysse 599/34. hpitan II. 18/22. bespice 87/25. higum 118/1. minre 118/1. 2. pidan 573/18. higna XV./22.

C. 1. hida 57/10. viftene 58/1. hide 58/1.

C. 2. pritan II. 195/14. life 197/1. 2. spina 195/24. 196/10. 15. 15. hpile 196/18. 23. 28. 309/14. 19. pisan 146/17. 197/5. 8. hida 195/19. 19. 19. 20. 20. 21. 196/9. hides 196/10. hide 196/14. higan 146/17. 20. 22.

Vergleichung ist überflüssig.

Westgermanisches ô.

§ 42. (53.) Wgm. ô = ws. ô, ausser wenn *i*, *j* in der folgenden Silbe stand.

A. don 560/21. gedon 460/1. gedoan 583/20. moten 459/11. 576/19. brok 565/19. brocon II. 107/17.

gebohte 583/16. II. 154/16. bote 563/9. broðar 575/17.
(n. sg.) 560/30. 561/7. (g. sg.) 576/9. (n. pl.) modar 561/7.
dogor 446/13. dogre 575/13. stope 583/19. 21. legerstope 575/34. eaðmod 563/1. eaðmodnisse 459/11. god
460 1. 563/1. 5. godes 459/26. gode 460/8. 562/16. godum 459/14. 19. 29. 460/6. 7. 583/24. godcundum 459/14.
19. 460/6. 583/24. godcundan 460/1. 583/30. godcunde
460/8. rode 562/20. 576/20. 23. 586/18. II. 202/10.
roda 586/18. 19. boc 142/15. 318/21. II. 202/29. 314/7.
foðra 560/11. strodes II. 202/13. scora 525/24. meahselog II. 102/10. blodlese 577/7. to 446/5. 8. 9. 10. etc.
(ca. 100 mal). Hrofesbreta 364/19. Hrofiscestri 278/11.
Bromgeheg 317/16. Cloveshoh 131/31. etc.

B. 1. foðra 344/11. boc 450/19. burhrode 467/36.
36. 38. londboc 512/26. boc II. 459/13. 539/24. gebocode II. 459/13. 539/25.

B. 2. gebohte 599/9. II. 157/33. godes II. 87/22.
godcundnæsse II. 87/26. boc II. 87/27. 101/30. 520/1.
gebocade II. 101/24. gebocode II. 520/2. leedome II. 118/1.

C. 1. boc 57/10.

C. 2. mote II. 309/15. 19. stope 309/15. rode 197/7.
boc 195/17. 196/9. ðropunga 309/10. lecedome 309/14.
Vergleichung ist überflüssig.

§ 43. (54.) *i*-Umlaut von *ô*.

Urkunden:

A. soel 577/10. soelest 459/33. 561/6. 583/23. [seolest (verschrieben für soelest) II. 195/17. zu C. 2.] geroefa
575/9. 576/20. geroefan 577/11. einmal gerefa 446/5.
soecende 562/10. goes 459/23. 560/10. 562/19. doeð
459/15. 31. 34. gedoe 459/34. 575/10. 18. gedoen 576/16.
boec 232/6. 524/14. boecum 584/1. bec II. 107/21. bledsung 563/7. boem 561/1. und bæm 446/20.

Dazu kommen die mit *coen-*, *cen-* gebildeten Eigennamen (zum adj. *ws*. cêne, *ahd*. chuoni. cf. Hellwig p. 33.
Mayhew § 253.)

Coenberhti 279/3. Coenuulfus 431/27. Coenhere 464/18.
Coenhard 532/34. etc. Cenulfo 402/13. Cenheard II.
107/14. Cenpulfi 429/24. etc. 30 mal *oe* gegen 9 mal *e*.

B. 1. boec 402/5. 481/17. 18. 557/27. hesbec 492/23.

Coenulph 444/10. Coenuulfus 449/5. etc. 25 mal. Cenulphus 411/3. Cenulf 413 etc. 9 mal.
B. 2. boec 599/9. II. 101/22. gedeo II. 118/2. Cenuualh 104/12. Cenpald II. 519/27. 539/9. landesbec II. 62/14.
C. 1. geþ 58/9. ybehte 57/11.
C. 2. beoc (verschrieben für boec) II. 309/8. 18. bec 309/5. geferscipe 309/11. gefera 309/5.

Alte Glossen:

Ep. Umlaut des *ô* ist *ôe*. *Cp.* hat ebenfalls *oe*, einmal *oi*, 2 mal *e*. *Erf.* oe, einmal *e*.

Cod. Cotton. Vesp. D. VI.

Psalm: gedeþ 13. feran 53. benum 69. gemete 77. seccende 120. geeadmeded 129. anfehst 136. eaðmede 153. Hymnus: dema 38. Zu p. Glossen: geð feringa. stets *e* ausser *æl*.
Im Mittelkent. stets *e*.

Die Form *ôe* muss auch für das *kent.* als die ältere angesehen werden; sie wiegt entschieden vor in A. und B. 1. C. 2. bietet häufiger *e* und C. 1. zeigt nur *e* und zwar schon 675. Die alten Glossen stimmen zu A. und B. 1., nur *Ep.* und *Erf.* haben 2, bezw. 1 *e*. Die *Vesp. hds.* indessen zeigt bereits durchweg *e* und desgleichen das *Mkt.*

Da das *ôe* fast ganz auf die Zeit der *merc.* Vorherrschaft in Kent beschränkt ist (2. Hälfte des 8. Jhdts. bis Anfang des 2. Viertels des 9. Jhdts.), so ist die Annahme mercischen Einflusses nicht unbedingt abzuweisen, zumal B. 1. und A. nahe zusammengehen. (Im *merc. Psalter*, den *Rushw. Gl.*, im *nordhumbr.* und *Rit.* haben wir stets *ôe* mit seltenem *e*. Brown pag. 65. f.). Auch für die Glossen wäre dann *merc.* Einfluss anzusetzen, sei es dass ein *merc.* Schreiber sie etwa aus einer *kent.* Vorlage abschrieb oder umgekehrt.

Westgermanisches û.

§ 44. (55.) Wgm. *û* = ws. *û*, wenn nicht *i, j* in der folgenden Silbe stand.

A. brucen 583/22. brucanne 575/19. 583/27. 29. 584/8. bruce 560/19. 575/13. suð 446/20. 575/25. II. 202/6. 13. suðan 586/15. 318/13. 15. 17. 19. II. 202/10. suðere 565/18. suðregiæ 587/19. suðepeardum II. 102/10. suðgeate 7/25. ðusenda 561/4. 575/26. 576/7. 8. bute 563/8. gruta 576/3. tun 587/19. II. 102/5. 6. tuun II. 134/20. tune II. 158/13. 17. Longanduun 525/25. Haddun II. 201/32. hudanfleot 574/12. us 583/24. 25. Cinges Culand 452/9. Eigennamen wie Aldhuno, Æðelhuni, Uualhhun, Hunpald, Hunferð, Duunuualla, Dunwald etc. sind sehr oft zu belegen.

B. 1. suðtune 480/13. ut 483/24. cua 485/20. cu 486/36. (XI. Jhdt.). suð 519/1. suðtun 518/43. tune 518/42.

B. 2. bruce II. 87/21. ut 168/13. 14. dune 168/12. 12. hludes 458/17. muþan 458/6. 10. suþ 458/7. tuninga 458/7. 8. 8. Ealdingtune 538/10. 31. 539/24.

C. 1. —

C. 2. brukene II. 147/14. brucenne 146/24. 196/34. 309/11. bruce 196/6. 12. þusendu 195/24.

Vergleichung ist überflüssig.

§ 45. (56.) *i*-Umlaut des *û*.

cy 575/21. 27. 28. cyðe 575/9. cyðo 583/15. pyscað II. 107/17.

Eigennamen gebildet mit ðryð: Æþelðryðe 131/16. Mylðryðe 131/15. Selethrythae 444/12. Beornðryð 459/6. Biarnðryðe 460/13. Quoenðryðae 517/19. etc.

Alte Glossen: haben *ȳ* als Umlaut von *û*.

Cod. Cotton Vesp. D. VI.

Psalm: ontende 28. ontendes 72, und ontyn 78. 117. gecyðan 18. Hymn.: gerene 11. Zup. Gloss. „hat *ê* in brecð. hret. prede. ontenan. untenan. *y* erscheint nur in cyðere." (p. 5.)

„Im **Mittelkent.** haben wir nur *e.*" (Danker p. 14. Reimann p. 16.)

Auch hiernach ist *ŷ* die älteste noch historisch belegbare Form und *ê* erst in jüngerer Zeit eingetreten. vgl. dazu § 34.

———o○⋅◌⋅○o———

III. Diphthonge.

Westgermanisches ai.

§ 46. (57.) Wgm. *ai* wird *ae* zu *â*.

Urkunden:

A. hlabard 560/30. hlaford 575/32. 576/15. 17. hlaforde 583/20. hlafordas 459/12. hlaforda 459/30. hlafordum 575/11. hlaforddome 576/19. 583/22. hlafa 560/15. 562/14. 14. 576/4. 39. 459/22. 30. 36. hlaba 560/9. (g. pl.). hlafes 562/14. II. 107/1. hlafe 577/1. 459/22. 25. 31. lafe 560/29. hato 583/15. hate 579/9. tacne 576/21. 23. arlic 583/2. 4. halgon 459/8. haligra 560/12. 20. gedal 577/11. saula 459/10. 30. 460/6. 9. saule 560/15. 562/16. 583/30. II. 107/3. saple 459/37. 460/2. 3. 4. 5. 576/1. sapale 560/21. saplum 459/32. 33. 460/1. gemanon 459/11. clane 576/14. rodetacne 561/11. agen 575/24. bradgeat 7/26. Bradanburnan II. 106/29. Folcanstane 575/28. 576/2. folcanstaninga II. 606/4. Stanham 459/8. Stanhamstede 459/22. an 459/23. 462/4. 562/14. 14. 575/18. 577/1. 1. 1. II. 102/5. 9. 10. nan 576/15. anes 459/18. ane II. 107/1. anum II. 207/9. 10. 11. ðara 459/12. 526/20. 20. 562/11. þara II. 107/7. 202/30. ðare 560/15. II. 202/9. ðam 586/16. II. 158/13. þam II. 106/28. 29. 107/21. gaste 576/16. gastas 446/11. Adesham. Botdesham. Hlossanham. Andscohesham. Perhamstede. Mundelingeham. Hreodham etc. *o* in Celtanhom 430/7. Celtanhomme 430/16. 21. Jogneshomme 529/3. þas 459/16. 20. 31. 460/1. 8. 576/17. 37. etc. 20 mal. ma 561/30. lah 575/10. Nach Palatal wird *â* > *eâ* in asceaden II. 107/6.

B. 1. snade 342/25. snadas 480/13. snad 509/22.

an 476/17. 19. 477/1. 7. Coppanstan 507/6. bradan 518/38. 519/7. Nach Palatal *ea* (lang ea) in sceadeð 467/38.

B. 2. bradan 337/2. þam 599/35. II. 458/20. 526/11. ðam II. 551/24. þar I. 599/36. þara II. 573/17. halgan II. 87/21. halgena II. 87/23. cystaninga II. 114/16. 17. stanihtan II. 458/22. stane II. 526/11. saple II. 118/1. 2. are II. 118/1. tpam II. 132/17. 599/33. tpa II. 114/24. hlap II. 403/18. snad II. 18/17. þas I. 599/32. II. 87/19. 235/6. 7. Nach Palatal *eá* in: gesceadað II. 132/18.

C. 1. an 58/8. þare 58/19. 20. 25. arest II. 203/33. one 58/8. 9. stone 58/20. 39. ihoten 58/10.

C. 2. hlafarde II. 146/26. hatu 195/14. tacne 197/7. saule 309/7. 196/8. 16. 28. 197/3. saulum 309/14. pepnedhades 196/33. agenre 146/19. ðara 196/21. ðam 146/19. halgan 197/7. 309/8. 18. þare 195/25. tpa 195/26. halsiað 309/16.

Alte Glossen: haben stets *a*.

Cod. Cott. Vesp. D. VI.

Psalm: haten 1. saula 16. 60. 84. wast 32. anes 34. gaste 38. 103. gastæ 146. gasta 40. 50. gast 93. 97. 128. gastes 52. 109. 132. 155. saule 39. 142. geclansa 40. 113. ðara 5. 35. snawe 76. ban 82. halige 92. 138. haligne 97. arlease 107. ma 126. geclansod 128. flæschaman 144. forðamþe 21. Das Fremdwort casere 11. Hymnus: halgan 2. halgum 7. halige 22. 27. halig 36. hale 34. haliges 42. ðare 11. gastes 12. 42. agenum 21. arfæstnesse 24. gasta 31. are 35. ana 37. 38. annesse 41. Zup. Gloss.: *á*. „nach sc bleibt *a* in allen vorkommenden Fällen: gescadað. toscað" etc.

In den Urkunden kommt keine Abweichung von *á* vor, ausser in C. 1.

§ 47. (58.) *i*-Umlaut des *á* < *ai*.

Urkunden:

A. hæþen II. 107/8. huætenra 459/22. gedæle 446/11. ær 561/4. 583/31. ærest 575/10. ærist 583/18. mæst

459/22. ænig 575/4. nænig 446/13. nænge 446/13. æhte 446/9. 9. gemænum 459/29. æce 583/17. 584/3. æcan 459/9. gelæstan II. 107/19. gelæsten 577/6. gelæste 577/10. æghpilc 460/2. 3. 4. ænne 575/21. ðære 459/13. 36. 583/21. ðæm 446/10. etc. ðaem 459/21. 32. etc. zusammen 21 Formen. Mit e: gedele 459/37. 576/5. del II. 202/8. mest 561/7. 584/4. enig 561/6. neniggra 560/31. ec II. 154/18. ece 583/27. ecnesse II. 107/7. lestan 563/6. leste (sb. pr.) 583/29. forðleste 563/5. eghpylce 560/14. eihpelc 562/18. clenra 459/22. clennisse 575/17. 22. agele 563/8. ðere 459/8. 37. 460/1. 7. 583/19. þere 446/8. II. 107/7. ðem (dat. sg.) 561/4. 560/6. 7. 8. etc. (dat. pl.) 560/19. 562/13. 563/3. etc. zusammen 17 Formen.

B. 1. ærest 483/21. 518/36. 519/4. snæde 366/31. sæ 483/26. ðære 518/41. 519/5. ðem 480/13.

B. 2. Hpætonstede 585/5. æhte 599/35. stænan II. 18/15. ærast II. 403/18. ærest II. 220/12. 477/9. 517/19. 538/31. ærist II. 526/5. þære II. 458/14. 18. sæ II. 526/6. 6. 573/17. gemennisse I. 597/26. ece I. 599/35. ðem II. 101/25. 26. 27. 27. 28. 28. ece II. 459/13. 520/2. 539/25.

C. 1. ærest 58/2. 117/26. þære 117/33. erest 57/14. þere 58/6. 12. 13. 14. 15. 16. 17. 26. 59/1. 2.

C. 2. hæðnum II. 309/5. hæðenesse 309/9. gedæle 196/17. ærestan 195/18. æniman 146/27. ænigem 146/20. æhte 146/20. dæghpæmlice 309/12. claene; clæne 309/6. clænnisse 195/25.

enye 147/10. egte 147/9. gemena 195/18. gemena 195/18. gemenum 195/22. ecum 309/14. enyman 147/17.

Alte Glossen:

Ep. hat *ae* als Umlaut von *â*. *Cp.* hat neben dem gewöhnlichen *ae* 3 mal *e*. *Erf.* hat *ae* neben sehr häufigem *e*.

Cod. Cott. Vesp. D. VI.

Psalm: hælend 33. 138. æfre 41. 130. æniges 55. ðæm 65. ær 66. geclænsod 75. clæne 89. hælo 101. lærde 106. æce 157. — helende 51. helo 114. Hymn.: ðære 19. æce 38. — ece 14. Zup. Glossen: todelan,

enig, er, geð, leran, mest, hwete; daneben mehrfach æ.
(p. 5.).

Im **Mittelkent.** erscheint der *i*-Umlaut von *ai* durchweg als *e*. (Danker p. 13.) Dagegen belegt Reimann auch Formen mit *æ*: læreow. hiwgedæles. tæcen. geswæc, nænon. næne u. a. (p. 14.)

In allen Denkmälern herrscht also Schwanken in der Anwendung von *æ*, resp. *e*.

Westgermanisches au.

§ 48. (59.) Wgm. *au* wird *ae*. zu *êa*.

Urkunden:

A. lean 583/30. aedleane 459/9. bebead 560/17. eaðmod 563/1. eaðmodnisse 459/11. east 7/25. 586/18. II. 202/5. 9. eastan 318/13. 15. 17. 18. 364/3. 586/15. Easterege 461/27. 463/13. Eastræge 523/1. Eastreie 464/33. Eastrestadelham 585/31. Mehrmals begegnet *eo* für *ea*: Eosterege 461/28. Eostorege 462/8. 463/22. Eosterge 461/33. 462/7. — Brimes Beam II. 207/10. Eadbaldo 7/17. Eadricus 102/6. Eadbertus 268/12. 27. Eadbrith 403/13. Eadulf 403/19. Eadred 447/32. etc. Æadbaldi 20/22. |— Ædbaldus 10/13. 19/15. 26. Ædricus 102/32. Ædbertus 271/6. Ædred 147/1. — Edrico 70/29. Edbertus 269/18.

B. 1. bleaheanhryrg 342/23. Eastrgena 353/29. bleanheanhric 366/28. east 467/34. 36. 37. 552/36. 483/26. 27. heanyfre 483/32. dreaman 518/37. Eadburgae 253/15. 447/14. Ædbeortus 254/18. Ædred 444/5.

B. 2. Blean II. 47/10. east 47/17. 17. 109/2. 5. 132/12. 13. 526/6. eastan 109/7. 132/14. 18. 458/20. eastanhalfe 114/3. beame 114/12. leanie 118/3. easte 220/2. Eadmundus 496/24. 497/2. 5. Eadgyva 497/9. Eduuinus 496/25. 497/8. (*Kemble*: Ead . . .).

C. 1. estuuode II. 204/7. estuuodesende 204/6.

Alte Glossen: haben *ea*.

Cod. Cott. Vesp. D. VI.

Psalm: deað 55. deadra 125. arlease 107. neata 125. geeadmeded 129. hegeleasra 145. eaðmede 153. Hymn.: wuldordreames 10. dreamum 18. efeneadig 21. deadra 39. Zup. Glossen: berefat.

Im allgemeinen wird im *Mkt. ea, yea, ia, ya, ye* und *e* unterschiedslos verwendet. Konrath (H. A. 88. p. 58 ff.) weisst nach, dass, wie das kurze *ea* zunächst zu *æ*, so das lange *ea* zu *ǣ* monophthongiert wurde. Diese Ansicht wird durch die Belege aus den Urkunden nur unterstützt, s. oben unter A. Eadulf — Æadbaldi (dies erscheint als weitere Zwischenstufe von *ea > æ*) — Ædbaldus — Edbertus etc. Diese Entwicklung müssen wir nach unsern datierten Belegen schon sehr früh, für das 7. Jhdt. nämlich, ansetzen. Das erste *aea* erscheint 618, das erste *ae* schon 605, das erste *e* 678. Der *æ*-Laut begegnet im *Mkt.* unter den verschiedensten Schreibungen (s. o.), dass wirklich ein *e*-Laut vorlag, ist durch unzweifelhafte Reime nachgewiesen (H. A. 88. p. 61.).

§ 49. (60.) *eà* vor Palatalen.

Urkunden:

A. smeagende 562/10. teage 559/2. trindteaganhrucge 585/16. lea II. 202/13. Brentingesleah 207/9. Hrythreleah 452/7. — ægera 459/26. æc 459/33. 34. 39. 460/7. Dunheahæ 230/15. Deneheah 249/8. Æðelheah 464/15. Biarnheah 561/17. Dæiheah 405/29. etc. Heahberte 252/30. Heahferð 437/19. Heabeorhti 274/17. Heagyðe 446/22. Hæhferth 479/32. Hæberth 531/24. Beagnoth 252/25. Beagmund 524/1. Bægmund 584/8. 589/22.

B. 1. leah 518/41. 450/32. braden lea 518/38. pytlea 518/39. Hryðeraleh 451/26. Aclæh 449/27. Friðesleah 443/13. 17. leage 467/35. eac 477/4. beardingaleag 480/11. longanleag 480/13. mearateag 474/11. frumesingleah 483/31. Þembalea 530/4. 21. wambelea 535/6. 17. Ædilhæh 444/11. lehpara 467/37. Bægmund 532/25. Bægspið 532/39.

B. 2. leah II. 109/11. Bromleag II. 113/28. leage II. 114/9. 9. 10. 458/17. bromleaginga II. 114/9. ga-

rungaleah II. 403/25. Ælfheah II. 497/14. heoratleag
II. 18/22. Heah I. 585/5. Bromteag II. 61/22. fearnleage II. 220/12. — ceddanlege II. 114/21. pidan leh
II. 403/20. Farnlege II. 220/17. (XI. Jhdt.). Fearnleg
II. 220/18. (XII. Jhdt.).
    C. 1. heige 58/12. 13. leage 58/31. leghe 58/31.
heah 117/35.
    C. 2. eac II. 197/1.

Alte Glossen:

Ep. hat in 7 Fällen *ea* erhalten, dagegen zeigt sich
6 mal der Palatalumlaut (5 *æ* — 1 *e*). *Cp.* hat gewöhnlich den Palatalumlaut, meistens als *ae*, nur 4 mal *e* und
2 mal unumgelauteten Diphthong. *Erf.* zeigt gewöhnlich
Monophthongisierung. 5 mal *ae*, 3 mal *e*.

Cod. Cott. Vesp. D. VI.

Psalm: eac 36. 49. eagan 44. eacðan 61. 71. geeacnod 62. eac 67. 76. nur einmal Palatalumlaut: æc
89. Zup. Gloss.: smegan. ðeh. smyagene. eacan. geeacnian, eacnung. heah etc.

    ye und *e*, von denen das letztere im Shoreham sehr
häufig ist, sind im Ayenbite verhältnismässig selten, ausser
vor *g*, wo das *e* fast stehend ist. *Sh.* hat kein *ea* vor
Palatalen. Poema Morale hat heage, eagum, neben hege,
eghen. Es ist kein Zweifel, dass dieses *e* auf ein älteres
durch Palataleinfluss erzeugtes *e* zurückgeht, und dass daher sein Laut verschieden war von dem Laute desjenigen
e, welches in regelmässigem Wechsel mit *ea* (yea, ya etc.)
erscheint. (Konrath. H. A. 88. p. 57.) Das Schwanken
in der Schreibung zwischen *ea* und dem Palatalumlaut *æ*
bezw. *e* spricht auch hier für frühzeitigen Eintritt der
Monophthongisierung in einen offenen *e*-Laut in den *akt.*
Denkmälern.

    § 50. (61.) Der *i*-Umlaut des *êa*.

Urkunden:

    A. blodlese 577/7. herað II. 154/17. Seolesegiæ
I. 436/38. Selesegi 437/16. Easterege 461/27. 463/13.
Eosterege 461/28. Eostorege 462/8. 463/22. Eastreie

464/33. Eastræge 523/1. Eosterge (verschrieben) 461/33. 462/1.

C. 1. Cirotesige 55/31. Cirotesege 56/9. Cerotesegt 56/15. Cerotesege 57/10. 14. Cherteseye 57/37. Certeseg 64/15. badrices ege 117/26. ceokan ege 117/27. 27. streme 58/18. 19. II. 204/6. 19. streames 117/35. midstreme II. 203/34. midestreme 203/35. 204/1. Ceroteseg 203/18. Certeseye 203/34. eygte 204/16. 17. 18.

C. 2. Ceortesege II. 196/8. 16.

Alte Glossen:

Ep. hat e; nur 2 Belege. Cp. hat neben 7 mal e einmal æ. Erf. hat e.

Cod. Cotton Vesp. D. VI.

Psalm: herdon 57. hero 75. gehernes 79.

Hymn.: heriað 7. ales 33. sigehremig 30.

Zup. Glossen: „geheran, alesan, secan u. s. w.

æ kommt in diesem Falle vor in geǣcað, geǣce, geǣc. $\hat{y}$ steht in cypendra, cypan; i in afliged, afligð. (p. 5.)

Im Mittelkent. häufig $\hat{y}$, (Danker p. 15.) auch die Schreibungen ea, co, ie, ye, yo. (Reimann p. 30.)

$\hat{e}$ ist somit durchweg die Regel als i-Umlaut des $\widehat{ea}$ im Kent.

Westgermanisches eu.

§ 51. (62.) Wgm. eu (= ws. $\widehat{io}$, $\widehat{eo}$) im Kent.

Urkunden:

A. ateon 561/8. ationne 584/4. ðurhtion 583/23. bion 459/11. bian 576/19. gestrionen 576/9. 10. gebeode 459/39. bebeode 459/17. 20. 34. 576/1. 583/26. 560/13. bebiade 560/11. 563/4. bibeadeð 577/4. beode 583/27. liofre 575/22. 24. 31. 33. leofast 583/27. liofast 584/4. fleot 215/26. II. 158/12. 17. 17. mearcfleot I. 318/17. hudanfleot 574/12. hreodham 318/12. Hier ist noch zu erwähnen das Fremdwort preost (vergl.

Pogatscher § 142. Mayhew § 284.): preost 562/22. 23. 24. 25. 26. messepreoste 576/5. messepriost 460/2. mæssepriöste 446/6. presta II. 158/13. und præsta II. 158/17.

B. 1. ealhfleot 477/3. mearcfleot 485/23. alhfleot 491/31.

B. 2. scipfliot II. 109/4. 132/18. beode II. 118/1. liofpynne II. 109/5. fleot II. 519/13. 14. 15. 526/8. 9. fleotes 519/14. 15. 526/9. 9. fleote 526/11. Preostantun II. 496/31. Preostatun II. 570/8. (*Kemble:* Prestone. *Mscr. Lambeth*: Prestatun).

C. 2. geteoð II. 196/32. beon 309/15.

Alte Glossen:

Ep. hat 2 mal *io*, 9 mal *eo*, 1 mal *aeo* und 4 mal das altertümliche *eu*. *Cp.* hat vorwiegend *eo*, einigemale *io*. *Erf.* ebenso.

Cod. Cotton Vesp. D. VI.

Psalm: diormod 1. liofost 3. liofwende 137. þiodum 5. þioda 26. þiode 147. bioð 81. ansione 86. 96. liodum 119. lioda 137. triowfest 115. hleoðor 78. seocan 110. Hymn.: hlioðorcwidum 2. triow 27. þioda 9. liofan 33. Zup. Gloss.: *eo* wird verhältnissmässig selten geschrieben, meistens *io*. (p. 9.)

Wir können beobachten, dass in den *mkt. Evang.* die Zeichen *eo, ea, ie, io, ye, yo* und *e* nicht nur ganz unterschiedslos für *ae. êo (ĩo)* geschrieben, sondern auch zum Ausdruck aller Arten von *e* verwendet werden (Reimann p. 30). Dies beweist, dass der alte Diphthong zu der Zeit schon in einfachem *e* aufgegangen sein musste.

Die kent. Urkunden haben hier etwas öfter *io* als in andern Fällen, wo Wechsel zwischen *eo* und *io* eintreten kann; aber doch nicht so vorherrschend, als die *Vesp. hds.*

Die Vokale der nebentonigen und unbetonten Silben.

Infolge der Beschränktheit meines Stoffes werde ich hier nur die wichtigsten Erscheinungen erwähnen und auch die genaue Vergleichung mit den übrigen kentischen Denkmälern im folgenden unterlassen; nur besonders Bemerkenswertes wird noch hervorgehoben werden.

I. Vokalwechsel.

Wir begegnen im *ags.* noch Vokalwechseln, welche teils auf die wechselnde Stärke des Nebenaccents, teils auf die Beschaffenheit der Vokale in den benachbarten Silben zurückzuführen sind.

§ 52. Hinsichtlich der Behandlung der Endsilbe *-nes*, *-nis* wollen einige das Vorwiegen von *-nes* als kentische Eigentümlichkeit ansehen; und hierzu stimmen wirklich die kent. Urkunden, die nur zweimal *-nis* zeigen. Bemerkenswert ist, dass die Epinaler Glossen nur *-nis* zeigen (Dieter p. 45.), ebenso die Cp. Gl. (p. 46).

A. gesettnesse 460/9. gesetnes 460/12. gepitnesse 560/20. II. 107/8. 202/30. ecnesse II. 107/7. gesetednesse II. 107/8. earfoþnesse II. 107/18.

eaðmodnisse 459/11. clennisse 575/17. 20.

B. 2. gemennisse 597/26. gewitnisse 599/10. gepitnysse 599/34.

C. 2. hæðenesse II. 309/9. clænnisse II. 195/25.

§ 53. Die Ableitungssilbe *-ung* zeigt sich mit einer Ausnahme durchweg durchgeführt.

-ing finden wir nur in A. pending 575/29. 33. 576/1. 6. 9. pendinga 577/9. II. 606/1. — C. 2. pæninga II. 196/20. 1 mal sullinga II. 525/17. (B. 2.) neben dem gewöhnlicheren sulung.

Dagegen *-ung*:

A. gesomnuncgae 459/9. spuluncga 459/8. sulungum 560/18. spulung 575/18. II. 158/6. bledsung 563/7. peahtunga II. 106/28.

B. 1. sulung 449/14. 476/17. 477/1.

B. 2. sulungum II. 101/25. sulunga II. 538/8. 529/24.

C. 2. peorðunga II. 309/10. ðropunga II. 309/10. ðoncunga II. 309/11.

-und, -end. *-und* ist einmal belegt: dugunde 459/23. *-end* in: ðusenda 561/4. 575/26. 576/7. 8. C. 2. pusendu II. 195/24.

§ 54. Vokalwechsel in Endsilben vor einfacher Konsonanz.

Vor m: fultumie 575/17. (C. 2.:) fultume II. 196/8. aber gefultemedan 562/13. 17.

Vor n: hiabenlice 563/7. heofenes II. 197/1. (zu heofon.)

Vor l: fuguldæg 479/24. reogolparde 459/32. reogolpeord 459/38., sonst ist überall die Form *-el* an die Stelle von *-ul* getreten.

Vor r: Wechsel von *u* und *e* liegt vor in teapera 577/2., denn nur ein dunkler Vokal kann die Umlautung zu *ea* bewirkt haben; oðare 565/18. oðoro II. 196/4. (C. 2.) — oðer 575/23. 33. 584/1. Nur *e* zeigen: æfter, efter, hueðer, ofer, sumermessan u. s. w.

§ 55. Die Vokale in den Präfixen.

ge-. Die *kent. Urkd.* kennen nur die Form *ge-*, zahlreiche Belege z. B. geðafie, gesetnes, geprit, gerece, geroefa, geporden etc.

Die *Ep. Gl.* haben in der Mehrzahl der Fälle *gi-*, daneben *ge-* und einmal *gy-*.

Cp. Über 150 mal *ge-*; einmal gibrec (Dieter. p. 46. f.) Cod. Cott. Vesp. D. VI. hat nur *ge-*, ebenso Mittelkent.

be-. Die kent. Urkd. haben *be-*: beðirfe, becueden, bebeode, belimpað, beforan etc., nur 3 Ausnahmen mit *bi-*: bibeadeð 577/4. binemned 576/37. 577/6.

Die alten Glossen zeigen ausnahmslos *bi-*. Zup. Gl. bicwide, bismeriend, biswic; sonst *be-*.

on- und **an-** werden promiscue gebraucht, dass *an-* die betonte Form gewesen ist, kann aus den Urkdn. nicht mehr ersehen werden. Dafür, dass *ond-* in nominaler, *on-* in verbaler Komposition verwandt wurden, haben wir nur wenige Beispiele: onstellan 583/31. oncærrende 446/14.

— ondpardum II. 197/2. andlanges 7/11. 518/42. II. 202/9.

for- und fore- sind in der Zusammensetzung gleichmässig verwandt.

forgifeð 577/9. foresprec II. 196/29 etc.

Ep. Gl. hat mehrmals fer-, einmal faer-, zweimal for- und ein forae. *Cp.* einmal fær-, sonst for- and fore-.

§ 56. Vokale im zweiten Gliede von Kompositis unterliegen zuweilen Veränderungen, wenn man vergisst, dass das zweite Glied ein selbständiges Wort war.

hlaford 575/32. 576/15. 17. hlaforde 583/20. hlafordas 459/12. hlaforda 459/30. hlafordum 575/11. hlaforddomes 576/19. 583/22. Daneben: hlabard 560/30. und hlafarde II. 146/26.

Die schwächere Betonung ist auch schuld, wenn *a* in Kompositis wie topardon, ondpardum, reogolwarde etc., in Eigennamen die mit -hard, -ward gebildet waren, nicht zu *ea* gebrochen wurde, und ferner ein Tidfrið zu Tidfreth, Tidferð wurde etc.

II. Vokalsynkope.

Die Mittelvokale des Germanischen werden im *ae.* vielfach synkopiert.

§ 57. Synkope eines einzelnen Mittelvokals.

1) *Nach langer Silbe* wird jeder kurze, nicht durch Position geschützte Vokal ausgeworfen.

Vor *r*: A. hriðra 450/31. dogre 575/31. foðra 560/1. ambra 560/9. 562/13. 576/3. 3. pintres 577/3. Suðmynstre 528/27. Eastræge 523/1. Eastreie 464/33. Eosterge (für Eostrege?) 461/33. 462/7, clenra 459/22. uncre, minra, minre, oðre, oðrum, etc. B. 1. oðre 235/6. foðra 344/11. B. 2. oðrum II. 101/26. oðres II. 114/23. C. 2. gesibbra II. 196/32. hpælcre II. 146/28.

Ausnahmen: oðare 565/18. eouuere 591/36. Eosterege 461/28. Eostorege 462/8. 463/22. ægera 459/26.

C. 1. oþerehalue II. 204/15. aþerehalve 57/30. C. 2. oðore II. 196/4.

Vor l: A. saple 459/37. 460/2. 3. 4. 5. 576/1. saule 560/15. 562/16. 583/30. II. 107/3. saula 459/10. 30. 460/6. 9. saplum 459/32. 33. 460/1. B. 2. saple II. 118/1. 2. C. 2. saule II. 196/8. 16. 28. 197/3. 309/7. saulum II. 309/14. — Ausnahme: sapale 560/21.

Vor m: fultumie 575/17. gefultemedan 562/13. 17. C. 2. fultume II. 196/8.

Vor n tacne 576/21. 23. 561/11. C. 2. hæðnum II. 309/5. tacne II. 197/7. Es synkopieren stets die acc. sing. masc. der Adjektiva: minne, ænne, healfne, halfne, siolfne, etc. — Ausnahme: hæðenesse II. 309/9.

Vor s: bledsung 563/7. geblitsade 460/5. C. 2, halsiað II. 309/16.

Vor d: oferlifde 560/31. mit Mittelvokal: B. 1. gebocode II. 459/13. 529/25. B. 2. gebocode II. 520/2. gebocade II. 101/24.

Vor g: Adjektiva auf *-ig* und Verba auf *-gian*. halgon 459/8. nænge 446/13. allmehtgum 459/8. 583/19. B. 2. halgan II. 87/21. — Ausnahmen: C. 2. ænigem II. 146/20. almaehtiges II. 309/16.

Position schützt den Mittelvokal vor Synkopierung. In Betracht kommen zunächst die Superlative (doch konnte ich nur Nominativformen belegen: soelest, rehtlicast, elmestlicast, liofast.), ferner die part. pres. auf *-ende*: soecende 562/10. smeagende 562/10. oncærrende 446/14. æfterfylgendum 459/34. liggende 565/24. libgendes 563/3. ausserdem überhaupt Wörter mit Nasal + Konsonant: festendæg 459/25. ðusenda 561/4. 575/26. 576/7. 8. spæsenda 459/31. spæsendum 583/29. suesendum 459/19. C. 2. þusendu II. 195/24. færeld II. 195/27.

2) Nach kurzer Wurzelsilbe bleibt der Mittelvokal erhalten:

Vor l: myclan II. 202/8. B. 2. miclum II. 101/23. miclan II. 219/22. miclangrafe II. 519/9. lytlan II. 403/19. Das sind nun allerdings nur Ausnahmen von der eben genannten Regel, aber micel und lytel synkopieren auch sonst konsequent. Mittelvokal finden wir z. B. in stiogole II. 114/11.

Vor n: forecuaedenan 459/16. 31. forecuædene 459/21. forecuedenan 563/1. ærbenumena 562/19. auuritene 460/10. C. 2. apritene II. 146/31. apreotene II. 196/30. B. 2. cpedenan II. 517/19.

Ohne Mittelvokal fulne 577/3. 3. 4.

Vor r: peðeras II. 107/1. B. 1. gegaderod 235/6. sumeres 344/12. C. 1. weteres 57/32. pætere II. 204/16. C. 2. fæderen II. 196/2. Synkopiert sind die *r*-Kasus der Adjektiva: alre 446/8. ealra 560/12. 20. etc., ferner peðras 560/10. 562/15. 577/1. 2. butran 459/25. C. 2. fædren II. 196/3.

Vor d: gesetednesse II. 107/8. B. 2. buruhperedes 599/35. Synkopiert: gesettnesse 460/9.

Vor g: huniges 459/27. 562/19. 577/3. cyniges II. 102/7. ðritiges 512/26. bewiotige 575/20. C. 2. geðafigan II. 146/29. B. 2. geberigað 553/2. gebyriað II. 458/21. Synkope begegnet in: cinges II. 158/18. 202/7. 7. 8. cyncges II. 516/6. cingesdic II. 314/2. B. 1. cyncges 486/36. cyncge 518/41.

§ 58. Bei zwei Mittelvokalen wird stets der zweite synkopiert.

huætenra 459/22. neniggra 560/31. haligra 560/12. 20. agenre II. 146/19. In halgena II. 87/23. (B. 2.) ist ausnahmsweise der erste Mittelvokal synkopiert; in gesuflra 459/30. 560/15. ist der erste Mittelvokal gesprochen worden, wenn ihn die Schrift auch nicht zeigt.

KONSONANTISMUS.

§ 59. Der Halbvokal w.

Die älteste kentische Urkunde (de Gr.-B. N°· 3) vom Jahre 604 zeigt die Schreibung *w*. (Ich gehe hierin genau nach dem Abdruck, den de Gray-Birch giebt). west 7/25. wealles; swa 7/26. Ferner in N°· 5. Siwendune 9/30. Wycingesmarce 10/1. Burhwaremarce 10/2.

Am häufigsten trifft man im 7. Jhdt. *uu*; Osuuinus 59/8. 65/35. Uuestan Æ 70/21. Uuihtredo 128/26. Uuihtred 129/4. 131/7. Uuor 226/21. Uuilfrið 226/23. recuulf 71/6. Brithuualdus 121/32. Inguuald 226/22.

Die Rune *wên* finde ich zum erstenmal in der Urkunde N°· 91 v. Jahre 716: Þilnoðe 131/18. Herespyðe 131/19. Æscpaldi 131/21. Þalh 131/27. Þihtredo 131/30. Sie breitet sich dann mehr und mehr aus, und wird zum häufigsten Vertreter des *r*. Daneben treffen wir aber auch *uu* und einfaches *u* im An- und Inlaut.

w im Anlaut ist unverändert erhalten geblieben; ebenso in den Verbindungen

wr: prito 584/5. 7. 8. 9. geuurit 591/36. etc

hw: hpæder 575/31. hponie II. 459/39. hpælc 561/5. etc. huaeder 459/28. gehueder 460/9.

tw: tpægen 575/25. tpa II. 195/26. (C. 2.) tuægen 459/28. tuælfmonað 459/14. 17. 20. betpynan II. 467/35. (B. 2.) etc.

cw: cpice II. 195/22. (C. 2.) Cpoenðryð 530/8. 531/13. (B. 1.) Cpænðryðe 533/1. (B. 1.) meist ist aber *cw* schon > *qu* geworden in: Quoenðryðae 517/19. (B. 1.) Quoenðryð 474/31. (B. 1.) etc.

sw: spina II. 195/24. (C. 2.) suin 562/14. 577/2. etc.
spulung 575/18. etc. ausgefallen ist *w* in sulong 446/19.
sulungum 460/18. B. 2. II. 101/25. sulunga II. 538/8.
539/24. sullinga II. 525/17. B. 1. sulung 449/14. 476/17.
477/1., ferner das anlautende *w* von willan in der Komposition mit der Negation *ne*: nylle 575/22. 32. 32. nelle
II. 107/21. C. 2. noldan II. 309/8.

Das *w* in der Gruppe *weo, wio* veranlasst zuweilen Verdumpfung der Gruppe zu *wo, wu*. Tome porðige 409/33. (B. 1.) Suordinge II. 570/9. (B. 2.) neben Speordlinge. pude 586/17. pudes II. 107/2. — puda 486/37. 518/39. (B. 1.) Þudu Tun 413/12. (B. 1.) Wudeham II. 203/19. 204/1. (C. 1.) Wodeham II. 204/1. (C. 1.) estuuodesende II. 204/6. und estuuode II. 204/7. (C. 1.)

w im In- und Auslaut verschmilzt mit dem betreff. vorausgehenden Vokal häufig zu einem Diphthong: saule 560/15. 562/16. 583/30. II. 107/3. saula 459/10. 30. 460/6. 9. als *w* geschrieben, vermutlich aber als Diphthong gesprochen in saple 459/37. 460/2. 3. 4. 5. 576/1. saplum 459/32. 33. 460/1. Dass *w* aber auch die konsonantischeGeltung bewahren kann, zeigt die Form sapale 560/21.

a + w > êa in ea (*got.* ahwa, *altsächsisch* aha, *ahd.* aha, *lat.* aqua. Vgl. Mayhew § 234). 518/37. 519/1. (B. 1.) 458/22. (B. 2.) ealonde II. 196/29. (C. 2.) Liminea 142/32. Oxnaiea 207/9. etc.

e + w > eow. eouuer 591/35. eouuere 591/36. ðiow 460/4. — treou 366/30. (B. 1.) treo 556/23. (B. 1.) treuue 57/22. (C. 1.) treouue 57/23. II. 204/8. etc.

§ 60. Der Halbvokal j.

Vor dunkeln Vokalen erscheint in den Urkunden nur ganz selten ein *e*; die wenigen Fälle sind: gioc (aus juk) 584/2. Godgeocesham 275/35.

Vor *e* bewirkt *g* in den *Urkunden* niemals die Einschiebung eines *i*, resp. die Entwicklung des so entstandenen *ie* zu *i*.

Im Inlaut ist das *g* erhalten geblieben: æfterfylgendum 459/34. bewiotige 575/20. libgendes 503/3. geberigað 553/2. (B. 2.) geðafigan II. 146/29. (C. 2.) es ist *i* in: geðafie 562/22. 23. ðeafie 576/22. 24. 25. 26. 27. 584/7. 8. 9. gebyriað II. 458/21. (B. 2.)

§ 61. Die Nasale m und n.

Über *m* ist nichts zu bemerken. Es erscheint geminiert in Celtanhomme 430/16. 21. Jogneshomme 529/3.

n ist ausgefallen vor tonloser Spirans. oðer, oðre, oðrum ets. gosfuglas. Osuuinus, Osmod etc. vgl. § 9.

Geminiert ist *n* in acenned, monn, menn, denn, innan, innganges, binnan, niomanne, redenne, brucanne, unnan, cunne, geunnan. Die Gemination ist a) teils urgermanisch, teils durch Assimilation oder Vokalsynkope entstanden, oder b) durch Konsonantendehnung vor *j* nach kurzem Vokal wie in cynnes.

§ 62. Die Liquiden l und r.

l erscheint geminiert a) in allmehtgum, alles, allra, allum, all, ealles; pælle, Botepælle; fulliae, fullen, fullpihte, aber einfaches *l* in fulan 483/21. (B. 1.) b) in gesellan, selle, sello, sælle etc. pille, pillio aber pile 575/17. 576/13.

Zu *r* ist die Metathesis mit Vokal zu bemerken: gers II. 100/16. (B. 2.) Bei -berht in Brithuualdus, Brithuualdi etc., bei -frið resp. -freð in -ferð: Beornfreð 564/19. Tidferd 431/3. etc.

Geminiertes *r* begegnet in: oncærrende 446/14. arræddan 446/5.

§ 63. Die Labiale.

b. Es steht im An- und Inlaut unverändert; es ist geminiert a) in abbud 435/27. abbod 435/31. etc. b) in habbanne, hæbbe, hebbe etc. einmal findet sich *bf* für *bb* in hebfað 561/2.; anstatt *f* steht es zuweilen im Inlaut hlabard 560/30. und einmal im Auslaut: piib 583/20. (s. unter *f*.).

p begegnet nur in den folgenden Wörtern (B. 1.) pæðfeld 483/25. (B. 2.) portpeorona 599/10. (A.) scæpa 575/21. scæp 459/3. scep 576/4. (C. 2.) pepnedhades II. 196/33. (A.) messepriost 460/2. messepreoste 576/5. mæsseprioste 446/6. forespreoca 576/18. sprece 446/13. (C. 2.) foresprec II. 196/29.

f. Es erscheint für einfaches *b* im Inlaut hafað, hafæð, hæfð. Dass es im Inlaute zwischen Vokalen stimmhafte Spirans ist, dafür spricht die Vertretung durch *b* in hlabard, hiabenlice, agebe, ober etc. und durch *v* in Cloveshoh, Gravenea.

§ 64. Die Dentale.

d. erscheint in allen Stellungen häufig. Es tritt ein in der Schreibung für ð in Ædilredi 67/32. Ædelburga 127/33. Æþeldryðe 131/16. Æeðelfridi 132/32. donne 583/31. buaeder 459/28. hpæder 575/31. gehueder 460/9. gedyrtig II. 309/17.

d. ist ausgefallen in enlonge (andlang) C. 1. 58/19. II. 204/10.

d. ist geminiert in bidde, biddo, biddaþ, ðridda, thridda, ðridden, middepearde, middel etc.

t. kann in allen Stellungen erscheinen. Es steht in setl, während hier *north.* ðl, und der Psalter ld hat. Es ist geminiert in gesettnesse 460/9. pytte II. 202/10. — mittan 459/27. 562/19. mittum 459/27.

ð, þ. Für die interdentale Spirans steht in den Urkunden meistens ð., doch ist daneben auch die Rune þ oft zu finden, beide im An-, In- und Auslaut.

þæs, panne, suþsaxa, Æþelberhti, stondaþ, aloþ. alaþ. *th* erscheint für beide Zeichen in der älteren Zeit Ætheberthus, Thanet, Thangil, einmal tenid 70/21. für Thanet.

In Hinsicht auf Sievers § 199. Anm. 1. bemerke ich, dass ich das älteste ð in einer Urkunde des Königs Æthelbert von Kent (N⁰· 3.) aus dem Jahre 604 finde: suðgeate I. 7/25. Das erste þ in einer Urkunde (N⁰· 27.) des Königs Cynevalc von Wessex aus dem Jahre 672: þa I. 47/23.

s begegnet anlautend in den Verbindungen *st*: stede 459/22. Stanham 459/8. *sn*: snade 342/25. snad 509/22. (B. 2.) *sc*: asceaden II. 107/6. gesceadað II. 132/18. Das *e* hier nach *sc* ist durch den Einfluss des vorhergehenden Palatals verursacht. *sw.* sunealuue 477/2. sualuæ 491/33. (B. 1.) *sm*: smeagende 562/10. Geminiertes *s* in a) der Endsilbe -nesse, -nisse, dem Fremdwort messan, messepriost etc., und b) aelmessan, elmesse etc. *s* ist ausgefallen in gedyrtig (C. 2.).

§ 65. Die Gutturale.

g. wird im Silbenauslaut oft vokalisiert — der älteste Beleg dafür stammt aus dem Jahre 675 (C. 1.) —: dei 560/13. 583/21. 23. 25. 584/1. 3. Deimund 562/26. Deiferthesea 566/24. Dæiheah 405/31. Dæiheh 406/10. meihanda 560/31. B. 1. hegepai 294/1. Meduuuæian 276/28. C. 1. weie 58/8. 9. — eihpelc 562/18.

g ist ausgefallen in der Silbe *ig* nach *i*: æniman II. 146/27. enye II. 147/10. enyman II. 147/17. Ferner in der Silbe *gi-* in C. 1. landimere 57/40. 58/1. 2. II. 203/33. londimere 58/28. 29. in hiona (aus higna, dann das *i* verkürzt nach Ausfall des *g*, und *u*-Umlaut). *g* wechselt mit *w* in higan 575/31. hipan II. 107/4. higum 459/32. etc. 13 mal. hipum 560/8. II. 107/21. hypum II. 196/28. hiapum II. 154/16.

Das *g* ist vokalisiert in hiium 563/3. *g* wechselt mit *h* in burgpara II. 102/9. etc. und Burhuuare II. 314/7. Burhgate 8/27. Burhwaremarce 10/2. *g* ist ausgefallen in burpare 519/5. 9. burparamers II. 606/2. *g* steht für *h* in egte II. 147/9.

Geminiertes *g* in liggende 565/24. C. 1. liggeþ 57/37. häufiger als *cg* hrycg, Ecgberht etc. so auch in der Nasalverbindung: cyning, cyncges.

h im Anlaut ist teils erhalten, teils ausgefallen in hlafe 459/22. 25. 31. 577/1. lafe 560/29. Es ist stets erhalten in hlaford etc. Auslautendes *h* ist meistens erhalten: leah B. 1. 518/41. B. 2. 450/32 Aclæh 449/27. A. feoh 561/5. fiah 560/20. C. 2. feoh II. 146/23. ðurh II. 202/10. 586/17. II. 107/18.

h im Auslaut wechselt mit *g* in beorh B. 2. II. 458/18. biorh II. 403/18. 19. 20. 22. biorg 403/24. berh II. 403/22. Brentingesleag 207/8. heoratleag II. 18/22. C. 1. þurg 57/12. 58/6.

h im Auslaut kann auch abfallen z. B. lea II. 202/13. B. 1. lea 518/38. pytlea 518/39. Þembalea 530/4. 21. C. 2. feo II. 196/1. 2. 309/6. fee II. 147/12.

h + *s* wird zu *x*. Oxnaiea 207/9. oxan 575/21. 28. oxnum II. 100/16. 16. peax 459/33. Suthsexa 589/16. Suthsexan 592/13. Suthsaxoniae 231/4. suþsaxa II. 606/3. B. 1. Sexsonum 558/1. B. 2. Seaxana 552/37.

h ist im Inlaut zwischen Vokalen ausgefallen in ten, ðreotene (§ 22.), ateon, ationne, hean, fon.

 c. Für *c* findet sich vereinzelt *k* geschrieben in Kynigitha, Kynheri u. ähnl.

 c vor *a* bewirkt zuweilen die Palatalisierung des Vokals s. § 7.

 Geminiert erscheint *c* in gemecca 459/7. gemeccan 575/13. Baccancelde 128/25. Acca etc.

 Über den Einfluss von *c* auf vorhergehende Vokale s. §§ 6 u. 49.

Die erhaltenen Ergebnisse zusammenfassend gebe ich im Folgenden eine schematische Darstellung der Eigentümlichkeiten der einzelnen Denkmäler bezw. Denkmälergruppen.

 A. *wgm.* a erscheint in älterer Zeit in offener wie in geschlossener Silbe nur als æ, erst von 810 an als e, in offener Silbe vereinzelte frühere Belege von e. Vor Nasal wird o bevorzugt, das erste o tritt 803 auf. a vor r + Konsonant wird in der Regel zu ea. erstes ea 696. a var l + Konsonant bleibt etwas länger erhalten; erstes ea 724. aber erst im 9. Jhdt. wird ea häufiger. Vor h + Konsonant scheint ea die Regel zu sein; 3 mal e in der Zeit mercischer Vorherrschaft könnte auf *merc.* Einfluss zurückzuführen sein. Nach einem Palatal haben wir meist einen offenen e-Laut. Der i-Umlaut von a ist e, selten æ. Der u-Umlaut von a ist Regel. Vereinzeltes æ statt e (= *wgm.* e) ist möglicherweise mercische Schreibung. Vor r + Konsonant tritt bei e stets Brechung ein. Der u-Umlaut von e und i ist streng durchgeführt. Der i-Umlaut von o ist anfangs œ, wird erst im 10. Jhdt. etwa zu e. Der i-Umlaut von u ist nur y. *Wgm.* â erscheint meist als ê. Der i-Umlaut von ô ist meistens noch œ̂.

 B. 1. weicht von **A.** in folgenden Punkten ab: *wgm.* a erscheint schon 742 als e. Dieses frühere Eintreten von e lässt sich durch *merc.* Einfluss leicht erklären, da dort stets e als Vertreter des *wgm.* a erscheint. Das erste o vor Nasal ist 772 belegt. Vor l + Konsonant sind ea und a gleich häufig. Der u-Umlaut von a, e, i ist auch hier Regel. Der erste Beleg des u-Umlauts von e 785. 4 mal treffen wir e als i-Umlaut von u und zwar das erste dieser e: 772.

B. 2. Diese Urkunden sind meist etwas jünger als A. und B. 1., daher treffen wir für *wgm.* a hier schon ziemlich oft e. Vor Nasal ist a häufiger als o, was auch auf den eben genannten Grund zurückzuführen ist; ebenso erklärt sich daraus das häufigere Auftreten von ea vor l + Konsonant. Als i-Umlaut von ea treffen wir zweimal die *ws.* Form y. Auch hier gilt u-Umlaut von a, e, i. i-Umlaut von o ist einmal, als e, belegt, der i-Umlaut von ô ist häufiger ê, als œ̂. Doch erscheint als i-Umlaut von u noch stets y.

C. 1. Die wenigen Urkunden von *Surrey* sind dadurch auffallend, dass sie in den lautlichen Entwickelungen vor den andern Dialekten weit voraus sind. Wir finden im Jahre 675 schon: e in Vertretung von *wgm.* a., o vor Nasal statt a, ea vor l + Konsonant, ê als i-Umlaut von ô. Ferner abweichend von den andern untersuchten Denkmälern: nur a vor r + Konsonant, nach Palatalen stets nur a, nie u-Umlaut von a, keine Brechung des e vor r + Konsonant.

C. 2. Die Urkunden dieser Gruppe gehen in den meisten Hauptmerkmalen mit A. zusammen, andrerseits zeigen sie auch schon jüngere Formen; dahin rechne ich das Fehlen des u-Umlauts von a. das Überwiegen von e, ê als i-Umlaut von o, ô, da auch hier y (= i-Umlaut von u) noch nicht zu e geworden ist, so kann man diesen Wandel als jünger ansetzen als den von o, ô > e, ê. Das Nichteintreten der Brechung des a vor l + Konsonant weist auf nördlichen Einfluss; eben dafür spricht auch das a, æ vor h + Konsonant, wo im *kent.* ea als Regel erscheint; auch nach Palatal findet sich nur æ. Man wird deshalb kaum fehl gehen, wenn man die Heimat dieser 4 Urkunden in das südliche Mercien verlegt, vielleicht nahe der kentischen Grenze.

Die alten Glossen. Ich erwähne die Punkte, worin sie von A. oder untereinander abweichen. *Wgm.* a erscheint in *Cp.* und *Ep.* vorwiegend als æ; *Erf.* dagegen nur e. Das *Merc.* hat in diesem Falle stets e. Vor Nasal wechseln a und o ab in *Cp.* u. *Erf. Ep.* hat nur a; *Ep.* ist vermutlich älter als *Cp.* u. *Erf.* oder es hat bei späteren Abschriften keine Veränderungen zu erleiden gehabt. Dafür spricht auch das Fehlen des u-Umlauts von e und i (welcher in *Cp.* Regel ist) sowie der Umstand, dass für den i-Umlaut von o, ô nie e, ê eintritt, sondern nur oe, oê, wogegen *Cp.* 2 e und 2 ê, *Erf.* wenigstens 1 ê haben. Alle Glossen haben stets Brechung des a vor r + Konsonant und nie Brechung vor l + Konsonant. Nach Mercien verweisen der Palatalumlaut das a vor h + Kons. Das häufige Vorkommen von æ als i-Umlaut von a neben e lässt schliessen, dass dies æ die Zwischenstufe zwischen a und e war. Die ausnahmslose Vertretung des *wgm.* â durch ê spricht auch für *merc.* Einfluss.

Die Glossen sind also auf keinen Fall rein kentisch, sondern mit mercischen Formen gemischt.

Cod. Cott. Vesp. D. VI. Der *Psalm* und *Hymnus* beruhen auf einer früheren Niederschrift als die *Zupitza*schen *Glossen*, wie aus folgenden Gründen klar hervorgeht:

Psalm und *Hymnus*:	*Zup. Glossen*:
wgm. a ist fast ausschliesslich æ.	*wgm.* a = fast nur e.
Vor Nasal ist a häufiger als o.	a und o wechseln gleichmässig vor Nasal.
Im *Ps.* begegnet häufiger a vor l + Kons. als ea.	Vor l + Kons. haben wir meist ea.
Vor h + Kons. steht ebenso oft æ, e, als æa, ea. (vielleicht ein mercischer Schreiber anzunehmen).	Vor h + Konson. ea.
Der i-Umlaut von u ist meist y.	i-Umlaut von u ist vorwiegend e.

LEBENSLAUF.

Geboren wurde ich, *Rudolf Friedrich Wolff*, Sohn von Friedrich Wolff und Elise geb. Schmitt, am 3. Februar 1867 in Heidelberg. Im Herbst 1876 trat ich in das Gymnasium meiner Vaterstadt ein, das ich Herbst 1886 mit dem Zeugnis der Reife verliess. Darauf besuchte ich die Universität Heidelberg von Herbst 1886 bis Ostern 1888 und widmete mich dem Studium der englischen und französischen Sprache. Im Sommersemester 1888 bezog ich die Universität München und im darauf folgenden Winter die Universität Berlin; im Sommer 1891 hielt ich mich in Genf auf, um mich in der französischen Sprache auszubilden und bestand im Frühjahr 1892 das philologische Staatsexamen in Karlsruhe.

Ich hörte die Vorlesungen der Herren Professoren: FREYMOND, OSTHOFF, IHNE, K. FISCHER, C. F. MEYER, KOCH, NEUMANN, BÜLBRING in Heidelberg; K. HOFMANN, BREYMANN, KÖPPEL, CORNELIUS in München; TOBLER, ZUPITZA, HORSTMANN, SCHWAN, v. TREITSCHKE in Berlin.

Es sei mir noch gestattet, Herrn Prof. Dr. BÜLBRING, der mir bei der Wahl und Ausarbeitung dieses Themas stets in liebenswürdigster Weise beistand, an dieser Stelle meinen herzlichsten Dank auszusprechen.